一看就懂的史记

温伯陵 著

北京联合出版公司
Beijing United Publishing Co.,Ltd.

图书在版编目（CIP）数据

一看就懂的史记 / 温伯陵著 . -- 北京 : 北京联合出版公司 , 2021.12 （2022.5 重印）
ISBN 978-7-5596-5752-7

Ⅰ . ①一… Ⅱ . ①温… Ⅲ . ①中国历史－古代史－纪传体②《史记》－通俗读物 Ⅳ . ① K204.2-49

中国版本图书馆 CIP 数据核字（2021）第 231340 号

一看就懂的史记
作　　者：温伯陵
出 品 人：赵红仕
责任编辑：李艳芬

北京联合出版公司出版
（北京市西城区德外大街 83 号楼 9 层　100088）
三河市中晟雅豪印务有限公司印刷　新华书店经销
字数 180 千字　700 毫米 ×980 毫米　1/16　15 印张
2021 年 12 月第 1 版　2022 年 5 月第 2 次印刷
ISBN 978-7-5596-5752-7
定价：59.80 元

目录

家国

天下

今朝

烟火

自序

《史记·太史公自序》里有句话："先人有言：'自周公卒五百岁而有孔子，孔子卒后至于今五百岁，有能绍明世，正《易传》，继《春秋》，本《诗》《书》《礼》《乐》之际？'意在斯乎！意在斯乎！小子何敢让焉。"

周公和孔子是中国的圣人，他们在各自的时代独领风骚，用自己的才智，推动中国文明向前走。因为成就斐然，也被后世国人顶礼膜拜。

而《孟子·公孙丑》说："五百年必有王者兴，其间必有名世者……如欲平治天下，当今之世，舍我其谁也。"

把周公、孔子和五百年的预言放在一起，再加上那句"小子何敢让焉"，太史公的"野心"呼之欲出。

他要编一部史书，记录中国从何处来，并且在史书里针砭人物、叙述兴衰往事，以史为鉴。后世每一个读到史书的人，都会明白，个人、民族、国家应该向何处去。

做到这一点，太史公才能和周公、孔子比肩，成为推动中国文明继续向前走的圣人。

显然，太史公做到了。

《史记》自成书至今两千多年，无数英雄豪杰来了又去，王朝如过眼云烟，《史记》却屹立不倒，犹如点亮一盏明灯，告诉一代又一代中国人，哪里是去路和归途。

在这样的成就面前，任何语言的赞美，都显得多余。

换个角度来说。

《史记》共52万余字，130篇，从中国的始祖黄帝，一直写到汉武帝太初年间，记录了两三千年的历史，是中国早期一份可贵的史料。

既是史料，便犹如食材。不同的食材、不同的配方，自然可以做出不同的美味。所以我们也不必循规蹈矩，可以在尊重太史公针砭人物、叙述兴衰的基础上，把散落在不同地方的史料，重新整合起来，用不同的方式来解读《史记》。

这也是我写这本书的目的所在了。

我用了两种方式来解读《史记》。

其一是横向的。把不同篇章里的人物和故事，用一条主线脉络串联起来，描绘出一幅中国上古时代的全景图，和大家一起用全新的眼光，来看待数千年前的中国往事。最后总结出一些观点，起到“历史照进现实”的作用。

其二是纵向的。我把某些篇章里的故事和观点单独拎出来，然后不断向上和向下推导，形成一条贯通中国历史的时间线，和大家一起研究，中国上古时代的事情，到底是如何演变的，以及最终出现什么样的结果。

所以，这本书来源于《史记》，但说的不完全是《史记》，而是以《史记》为蓝本，挖掘一些背后的逻辑和观点。

这种读书法，我是和太史公学的。

在太史公的笔下，历史也不完全是历史，而是可以照亮世界的星火。在我的笔下，中国上古时代的故事，同样可以照亮当今的世界。这样看来，这本书和《史记》还是一脉相承的。

当然，我写这本书也只是一家之言，只能代表我的想法，不是解读《史记》的标准答案。如果大家认可，那肯定是极好的。如果大家不认可，欢迎大家来微信公众号“温伯陵的烟火人间”，一起探讨交流。

温伯陵

2021.6.30

家国

国家兴亡，从来不是单纯的英雄史诗。

其背后是复杂的外交博弈、内政经济、组织方式，

甚至是地球运动形成的地理格局。

那些国家的崛起和衰落，自有特定的因果关系。

英雄，不过是偶然走上舞台的演员。

齐国霸业是怎样完成的？

一

公元前 685 年，齐国爆发惊天内乱。

齐襄公在执政 12 年后，被堂兄弟公孙无知联合大将谋杀，公孙无知仅仅执政 1 年，又被刺客杀死，因此公元前 685 年的齐国，面临国家无主的危险。最有资格继位的是齐襄公的两个弟弟：公子纠和公子小白。

齐襄公死的时候，公子纠躲在西南的鲁国，公子小白藏在东南的莒国，都不在齐国境内，现在的问题是，谁先回到齐国谁就可以继任国君。

估计是公子小白的人品不错，在朝中积累了不少人脉，国君宝座刚空出来，高、国两大家族就通知小白："快点回来，我们已经决定了，你来做齐国国君。"

隔壁的公子纠也着急。这可是千载难逢的机会，错过要遗憾一辈子的，但是朝中大臣不支持他，这可怎么办呢？公子纠的办法是杀人，只要公子小白死在路上，国君选举就从二选一变成一选一，谁都不能说什么。

于是，公子纠让管仲带兵，守在莒国回齐的路上，一旦发现公子小白就弄死他。很不巧，管仲的弓箭没什么准头，一箭射在公子小白的带钩上，小白情急之下躺在车上装死。

毕竟是暗中杀人，管仲也没好意思露脸，感觉差不多就回去了。结果公子小白望着管仲离去的背影，片刻之后翻身而起，带着鲍叔牙向齐国狂奔，顺利继承国君宝座。

而公子纠听说弟弟死了，便放下心来，磨磨叽叽用了 6 天才回到齐国，正准备向齐国人民挥手致意，大家告诉他："别折腾了，公子小白已经继位啦。"

果然是朝中有人好办事啊。

公子小白就是齐桓公。

齐桓公怨恨鲁国支持公子纠，便发兵击败鲁国，并给鲁国国君写了一封信：

"公子纠可是我的兄弟，实在不忍心诛杀，不如你帮我杀了吧。另外，管仲是乱臣贼子，你得给我送过来。"鲁国根本不敢违抗齐国命令，只能一边杀人一边送人，只求齐国宽宏大量，不要再来为难鲁国。

正在此时，鲍叔牙对齐桓公说："你要是只想治理齐国，我和高傒足够了；如果你想成就齐国霸业，非管仲不可。"齐桓公沉吟片刻说，那就听你的吧。于是，管仲非但没有死，还被齐桓公拜为相国。

随着优秀君主和强悍相国一一到位，齐国霸业正式拉开序幕。

二

当时的齐国是个烂摊子。

齐襄公和公孙无知多年来肆意妄为，动不动就发起权力斗争，搞得大臣们惶恐不安，生怕站错队伍脑袋搬家。而齐国又处在发展的关键时期，奴隶制已经崩溃，但官员任用方式没有调整，社会结构得不到整顿，尤其是齐国的经济落后，在大争之世很难说有什么竞争力。

怎么办？

管仲告诉齐桓公："仓廪实而知礼节，衣食足而知荣辱。"意思就是说，一定要先发展经济，经济发展起来以后，什么问题都能解决。

具体操作方法也简单："俗之所欲，因而予之。俗之所否，因而去之。"人民想要什么，政府就给什么。人民不喜欢什么，政府就要想办法禁止。总之，齐国人民对美好生活的向往，就是齐桓公和管仲的奋斗目标。

于是，管仲甩出"三板斧"。

第一是整顿官场。

管仲向齐桓公推荐了"五杰"，用隰朋管理官员任用，宁戚管理财政，王子成父管理军队，宾须无执掌司法，东郭牙管谏诤。有这五个人管理各个系统，基本能把齐国的内政理顺，不会再出现各自为政的现象，而他们又对相国管仲负责，管仲对齐桓公负责。

从此，齐国政令通达。

除了高层人事调整，管仲还给中下层官员定下规矩，每年的固定时间，官员必须亲自来朝廷汇报工作，并且写下书面总结报告，管仲根据官员的政绩，决定齐国官员的升降。不管出身如何，只看工作能力。

能力强的升迁上不封顶，能力不行的一级一级降职。朝廷高官做不了就去做县长，县长做不了就去做乡长，乡长做不了就去做村长，要是村长也不能胜任，那就趁早退休吧。

管仲整顿官场，就是要调动官员的积极性，不能让老实人吃亏。

第二是发展鱼盐产业。

齐国在东海之滨，不论捕鱼还是煮盐，都有很便利的地理条件，而鱼和盐又是天下各国离不开的必需品。尤其是盐，不管吃什么都要用到，长期吃不到盐是要出问题的。

于是，管仲在整顿齐国的农业之后，大力发展鱼盐产业，然后利用地理优势和先进工艺，在天下的鱼盐市场中占有庞大份额。

谁要想吃鱼和盐，都得向齐国买。只要齐国不卖，市场就要出现商品短缺，紧接着便是生活质量下降和人民闹事。换句话说，起码在鱼和盐两个领域，齐国成为春秋世界的“世界工厂”。

谁敢和齐国龇牙咧嘴，就是跟钱过不去。

有这样的人吗？

没有。

所以齐国把商品卖到天下各国，换回财富和其他货物，不仅富裕了齐国人民，还促进了商品的再生产，一个完整闭环就出来了。这个经济闭环让齐国的国力蒸蒸日上，逐渐成为天下首屈一指的强国。

第三是用国家力量干预经济。

齐国为了发展经济，对商业的态度很宽松。有一种说法是关卡只查货物，不收任何赋税，另一种说法是收2%的商业税。不管怎么说，在齐国做生意是能赚钱的。

但涉及国计民生的行业，管仲不允许私人进入，而是用国家经营的方式垄断市场。这样做的好处就是，收入全部归国家所有，私人没有实力对政府指手画脚。

按照这个思路，管仲把家家户户都要吃的盐、制造兵器需要用的铁，全部收归国有。这两个领域不仅是经济的上游，还是人类赖以生存的快消品，可想而知齐国政府赚了多少钱。

后来的王朝遇到财政危机，都要把盐铁收归国有，达到充实国库的目的。可以说，政府干预经济是古代中国的治国理政经验。

这项经验的创始人就是管仲。

管仲的“三板斧”甩出来没几年，就出现国库充盈、人民富足的局面，而且政府没有太大的人事纠纷，执行力极其强大。从这个层面来说，虽然齐国不是人均收入最高的国家，但是最有活力的国家。

历史上的改革都要得罪很多人，而且往往推行不下去，为什么管仲在齐国就能搞得风生水起？

其实还是他说过的话：人民想要什么，政府给什么就是了。

三

齐桓公和管仲执政的齐国，除了满足齐国人民的向往，还让天下各国对齐国抱有期待。

为什么这么说呢？齐国不是人民币，地理位置又在东海之滨，怎么可能做到人见人爱？

其实都是有原因的。

自从周平王东迁洛阳，周王室的威信一落千丈，再也不能维护诸侯国平等生存的秩序。什么分封子弟、诸侯朝贡、追随周天子征讨刺头等，好像是上个世纪的老古董了，谁要是按照这套方式生存，要被人嘲笑为傻子。至于周天子，更是没人搭理的傀儡。

既然天下各国的秩序崩溃了，那么各诸侯国就像脱缰的野马，肯定是怎么舒服怎么来了。这个世界上最舒服的事,莫过于为自己争利。而对于各诸侯国来说,最大的利益就是扩张领土、掠夺财富、青史留名。

于是，没有周天子维护秩序的春秋时期，成为中国历史上第一个乱世，诸侯国为了争夺地盘每年都要打仗。

开始的时候，大家还有点新鲜感。没有周天子的束缚，诸侯可以放心打仗、一些贵族也扩张权力、农民可以到别国抢劫，他们都有各自的野心。

可是几百年过去，所有人都苦不堪言。

诸侯国君变得没有安全感，生怕哪天国家就被灭了，不然就害怕被权臣拉下马，没有哪个国君能睡好觉。贵族由于权力扩张，逐渐陷入和国君的零和博弈，不是用百年时间积累实力杀掉国君，就是被国君和其他贵族联合杀掉。农民更不用说，日子惨得要死。

乱世狂欢过去，所有人都希望重建秩序。只有甩出一套各界都认同的理论，各诸侯国才能坐在一起商量，重新建立维护天下太平的秩序，填补周王朝崩溃留下的权力真空。

这种事情太难了，极其考验诸侯国君和执政大臣的能力，而且由谁来牵头，也是大麻烦。

正好，这些条件齐国都满足。

齐桓公和管仲的能力就不用说了,他们早已在齐国经历重重考验，从上到下没有不认可的。而放眼天下来说，有能力牵头的大国只有 4 个——齐、楚、秦、晋。

秦国的位置太偏僻，民生凋敝不说，还远离主流文化圈，让秦国牵头，秦国心有余而力不足。

晋国的实力很强，又是周朝嫡系，可惜国内乱成一团，贵族大臣只知道争权夺利，晋文公崛起前的晋国权力非常分散。

天下本没有楚国，楚国能位列诸侯，基本是靠几百年扩张领土挤进来的。楚国可能是扩张习惯了，春秋时期依然贼心不死，动不动就吞并周边小国，拣软柿子捏。楚国的问题在于，常年不讲道理地吞并小国，表面上显得很强大，实际上大家都对楚国有了戒心，生怕楚国专门欺负老弱病残。得到利益失去道义，说的就是楚国。

天下大国中间，有资格、有实力重建秩序的，只有东方大海之滨的齐国。

齐国，就这样站在历史进程的舞台中央。

四

齐桓公和管仲抛出的理论是“尊王攘夷”。

要理解这个理论，重点在“王”和“夷”二字。

“王”的字面意思是周天子，意思是齐国以实力为基础，号召天下各国维护周天子的地位，该进贡就进贡，该尊重就尊重。由于生产力的限制，谁都没有统一天下的实力，甚至不能占领太多别国领土，那不如倒退回几百年前，找一个大家都认可的代表出来，凝聚天下各国的人心。

于是就引出“王”字的深层含义：历代周天子建立的天下秩序。

齐国要做的就是，通过维护周天子的地位，维护以周天子为中心的天下秩序，最终达到天下太平。

天下太平的目的是什么？人人都能过上好日子啊。

而周天子曾经赐给齐国一项权力，即齐国可以代表周天子征讨搞破坏的国家。齐国只有尊王，才能给天下各国追随的理由，然后以道德和实力为武器，带领天下各国打击不服从的国家。这些不服从的国家就是“夷”。

我们说起“夷”都会想起异族，其实在齐桓公和管仲的理论中，“夷”字一方面是说威胁中原国家的异族，另一方面是说不服从天下秩序的刺头。

比如北方的戎狄，动不动就想骑马进入中原抢劫，当然是不安定因素。齐桓公就要和其他国家组成联军，一起把戎狄驱逐出中原，开拓中原国家的生存空间。

比如南方的楚国，虽然实力强大但不讲道义，还想把边境线推进到黄河以北，这还得了？不给楚国点颜色看看还没完了。于是，齐桓公带着联军南下击楚，硬生生把楚国遏制在黄河以南。

只有北击戎狄，南遏强楚，维护好天下秩序，让各国都能和平共处，“攘夷”才算完成。

这就是“尊王攘夷”的意义。

我们开启上帝视角，可以知道“尊王攘夷”是好方法，并且取得极大成功，可春秋时期的人不知道啊，他们凭什么信齐国呢？

答案是——诚信。

“诚信”二字被人说烂了，我们听着有些假大空，那是因为我们平时体会不到，甚至没有体验诚信的机会。人只有在紧急时刻，才能体会到“诚信”二字的威力，进而体会到坚守诚信的人和国家，到底有什么样的魅力。

齐桓公继位 5 年的时候，发兵击败鲁国，鲁国实在没办法只能割地求和，双方说定，到一个地方举行签约仪式。

那天万里无云、礼炮齐鸣、锣鼓喧天、人山人海，齐桓公喜气洋洋地签下名字，鲁国君主愁眉苦脸，正准备落笔，白光一闪，鲁国人曹沫手持匕首冲过来。

曹沫用匕首抵住齐桓公的脖子:“把鲁国土地还回去。”匹夫一怒，血溅五步，齐桓公没办法，只能答应曹沫，刚才的签字不算数，并且把占领的鲁国土地还回去。

曹沫退下,齐桓公后悔了。堂堂大国君主被敌国威胁,成何体统?再说了，威胁一下就把土地还回去，以后还怎么做人?

所以齐桓公准备继续签约，然后弄死曹沫。

此时管仲说话了 :“你答应别人的事情就要做到，这是给天下各国看的,出来混要讲诚信。”齐桓公想想也对,便放过曹沫,退回土地,烧掉合同……打了一仗什么都没有得到。

但是天下各国都看在眼里，不禁感叹 :“说到做到，而且不以实力称雄,真是好大哥啊,以后我们都跟你混。”太史公是这样写的:“诸侯闻之，皆信齐而欲附焉。”

这才是人心所向。

后来卫国被北狄侵略，齐桓公带着各国联军驱逐狄人，并且筑楚丘城，重建卫国，让这个被灭的国家可以存续。天下各国又看到不一样的意义 :“大哥有能力保护我们，还不收钱，比楚国强太多了。”

这样的大哥，谁不喜欢?

于是，不管是经商国家还是种地国家，沿海国家还是内陆国家，都愿意和齐国交朋友，导致齐国的朋友遍天下。

他们站在“尊王攘夷”的大纛之下,一边维护周天子的天下秩序,一边发兵攻打威胁天下秩序的刺头，重新建立起太平世界。

管仲做相国 41 年，辅佐齐桓公九合诸侯、匡扶天下，齐国大旗所指，天下景从。

齐国，霸业已成。

五

回顾齐国成就霸业的历程，我们就会知道，国家霸业不只是争取来的。历史进程走到某个时间点，旧秩序崩溃，新秩序尚未建立时，需要一个国家出来做霸主，维护和平。齐国当时正好是齐桓公和管仲执政，有足够的能力和眼界，接过历史交代的任务。

这两个时间点无缝对接，才成就齐国霸业。

只能说，历史选择了齐国。

在国内建设阶段，齐国是打铁还需自身硬，等到国内整顿完成走向天下的时候，齐国的标配变成“勿谓言之不预也”。也可以说，齐国没有辜负历史。

但是赶上历史的进程是机遇，想要不辜负这份机遇，还是要努力奋斗啊。

赵国的崛起和灭亡

一

赵国和秦国都是战国七雄之一，两家争霸几百年，要么赵国西进图谋灭秦，要么秦国东出攻赵，这么几百年打下来，两国可谓是有不共戴天之仇。“长平之战”中，秦国坑杀赵国 40 多万人，更是积累了血海深仇。

但这样两个互相敌视的国家，王室家族其实是一家人。

是的，赵武灵王和秦始皇是一家人，身上有相同的血脉。

相传，秦、赵王室都出自颛顼帝，祖上在尧、舜、禹时期非常辉煌。他们有个叫大费的祖先辅佐大禹治水，被舜帝点赞，赐予嬴姓，并且亲自颁发一面锦旗：

“咨尔费，赞禹功，其赐尔皂游。尔后嗣将大出。”

所谓“大出”就是繁盛、扬名立万。盛世做国家栋梁，乱世成天下霸主。

经过夏、商两代，嬴氏家族仍然活跃在中国的政治舞台，发展势头非常迅猛，出了很多显贵人物，逐渐成为诸侯。

但是人无千日好，花无百日红啊，嬴氏家族辉煌到商朝末年，终于迎来一场大劫。

那时代表家族站在台前的人是蜚廉，以及他的儿子恶来，曹操评价典韦“古之恶来”，说的就是此人。

父子俩在朝歌伺候商纣王，非常得宠，晋级为嬴氏家族的代表人物。结果好死不死地遇到武王伐纣，蜚廉和恶来作为纣王宠臣，自然要被打倒批臭，还要被踩上一万脚。

于是恶来死了，蜚廉因为到外地出差逃过一劫。

苦心经营千年的家族毁于一旦，不出意外的话，嬴氏家族和其他上古部落一样，很快就会消失在历史的长河里。

蜚廉不甘心啊：“你们几个人换我五代家业，划算吗？”

不划算也没办法，周朝已经问鼎天下，国运如日中天，百无聊赖的蜚廉只能休养生息，把有限的生命投入无限的生娃事业中，最终生了个儿子叫季胜。

这个季胜，就是赵国的直系祖先。

因为时间会忘记一切仇恨。经过几代人的洗白，嬴氏家族已经成功上岸，季胜曾孙造父成了周穆王的宠臣，一度以亲信的身份，陪周穆王和西王母约会，做些端茶倒水和门口放风的事。

周穆王和西王母约会的时候，正好赶上徐国叛乱，造父亲自驾车带周穆王回国平叛，立下大功。

周穆王论功行赏，把赵城赐给造父，为了区别其他嬴姓同族，造父这一支也就成了嬴姓赵氏。

而恶来死后，也有后代活下来，传到周穆王时代的嫡系子孙，名叫非子。

非子发现同族兄弟竟然发达了，赶紧去赵城投奔，成了嬴姓赵氏的成员。

后来非子跑去给周天子养马，养得又肥又壮，周天子很满意，便赐给非子一块土地，让他做周朝的附庸，名号为秦。

经过几百年的蛰伏，蜚廉的两支后代重新崛起，成为周朝的两个诸侯，此后秦、赵成为中国大地上两个重要的国家。

这段人名有点乱，我还是捋一下。

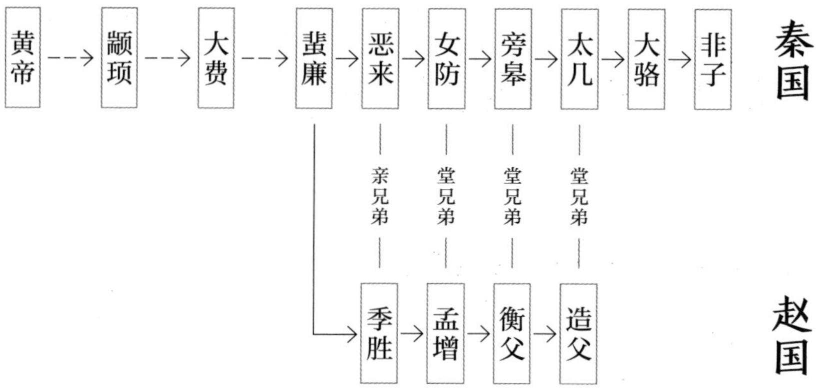

赵国和秦国同宗同源，崛起的时间也差不多，甚至有段时间有人认为，赵国和秦国最有希望统一天下，即便不能统一，也只有赵国可以遏制秦国东进。

也就是说，不论哪个国家崛起，另一个国家都是强大的制衡力量，而不论哪个国家统一天下，其实都是嬴姓家族的胜利。

可见赵国和秦国是平起平坐的。

那为什么走到战国末期,秦国可以吊打赵国,直到攻入邯郸灭赵?

除了“长平之战”的用人失误，赵国失败的原因还有两个：

民族问题和农业问题。

二

《吕氏春秋》里说：“当禹之时，天下万国，至于汤而三千余国……”“周之所封四百余，服国八百余……”

看看这些数字吧。

国家数量从一万减少到一千二，说明夏、商两代平静的表面下，隐藏着国家整合兼并的暗流，导致国家数量逐渐减少，而各地小国成长为地域大国。

当然了，大部分国家并不是真正的国家，而是一些聚族而居的部落，用树枝挂一张兽皮，在上面写个部落名字，就可以说自己是国家了。那片世代生活的土地，便是部落国家的领土。

在整合兼并的历史进程中，到战国时期只剩下七个大国，那么按照以往的历史惯性，这七个国家也会互相兼并，迟早会合并为一个超级大国。

这就是历史的进程，谁都阻挡不了。

除了国家之间的整合兼并以外，每个国家也在整合兼并内部的人口、部落、土地等资源。

赵国的基本盘是山西北部、河北中部，离草原非常近，离中原也比较远，这样的地理位置，境内必然有很多戎狄部落，边境也有不少游牧部落在游荡。

我们都知道游牧部落的习性，成百上千人抱团生活，哪里水草丰茂就向哪里迁徙。

表面上看，这些部落是国家的成员，实际上国家根本没法对其进行有效管理，更不可能动员人力、物力，让他们做国家的“螺丝钉”。

可以说，游牧部落是国家的编外人员，也是移动的“定时炸弹”。

这个问题在晋国时期就存在了，为此，晋国公族和卿大夫家族与戎狄联姻，想用婚姻的方式解决这个问题。

让晋文公逃亡 19 年的骊姬之乱，就是老晋公娶了戎狄部落的骊姬，想让“晋戎联姻”生下的儿子继位，造成的国内大乱。

到了“三家分晋”以后，赵国继承了晋国的毛病，还是没有消化戎狄部落，依然用联姻的老办法进行安抚笼络，动不动就给赵公子娶个戎狄老婆。

这样一来，戎狄部落是不是和赵国站在一起，便取决于部落首领的态度，以及和赵国王室的亲密程度。

总而言之就是拉拢、安抚、维护表面和谐，但这种软弱的手段，根本解决不了民族融合的问题。

想彻底解决民族问题，只有变法。

赵国变法比较晚，直到公元前 307 年，赵武灵王才开始搞“胡服骑射”，也就是向戎狄部落学习，组建骑兵部队，提高国家的军事实力。

我们现在说起“胡服骑射”，都觉得是一项伟大的改革，但是结合赵国民族复杂的局面来看,不如说“胡服骑射”是向戎狄部落妥协。

既然我不能同化戎狄部落，也不能进行有效管理，那我就向后退一步，拉低自己的文明水平，以便和戎狄部落达成共识，换一种方式解决民族问题。

赵武灵王做得很成功。

“胡服骑射”的命令颁布不久，便出现“林胡王献马”“代相赵固主胡，致其兵”的大好局面。

虽然开局不错，但赵国的国运也到此为止了。

因为戎狄部落是赵武灵王拉拢来的，他就不可能颁布民族融合的法令，更不可能把戎狄部落彻底打散，给他们上户口、分房子。要不然林胡王和楼烦王就要说了：“赵国都穿胡服了，说明要向我们靠拢啊，这不就是民族融合吗？现在又要拆分我们，赵王你到底要干啥？”

这就没法整了。

也就是说，赵国用自我阉割的方式，暂时形成国内民族统一的局面，换来国力的空前强大，但是并没有从根本上解决问题。

用《笑傲江湖》的话说，赵国练了《辟邪剑谱》。

而秦国没有“胡服骑射”，也走出一条整合国力的道路，就是我们非常熟悉的“商鞅变法”。

秦国的基本盘在陕西境内，那地方属于中原西陲，境内有很多戎狄部落，当时的中原国家就说了，秦国“与戎狄同俗”，长期被视为不开化的野蛮人。

公元前356年，“商鞅变法”启动，稍有成效，于6年后启动第二次变法，其中一条就是清除戎狄习俗，并且不允许和戎狄一样聚族而居。

为了保证法令的威力，商鞅还规定“民有二男以上不分异者，倍其赋”，意思就是不愿意拆分成小家庭的，那就交双倍赋税吧。

谁和钱过不去啊，分居就分居呗，又不是活不下去。

于是秦国境内聚族而居的戎狄部落，纷纷被拆分成零散的个体，而且要服从当地政府的管理，让你种地就种地，让你放马就放马，不能有任何对抗政府的歪心思。

这么做有两个好处：

第一是彻底消化了戎狄部落，让他们不再是移动的“定时炸弹”，而是秦国境内听命令的良民。

第二是增加政府的动员力，那些戎狄部落的人口，极大充实了秦国农民和士兵的数量，秦国也随时可以把人口转化为生产力或战斗力。

正因为秦国做得很成功，商鞅才说：“始秦戎狄之教，父子无别，同室而居。今我更制其教，而为其男女之别，大筑冀阙，营如鲁、卫矣。”

戎狄之教，属于落后的社会组织方式。鲁、卫，代表当时比较高的文明程度。

现在秦国已经脱离低级文明，和文明最先进的鲁、卫比肩了，而且秦国有更善战的军队、更有效率的政府，可谓是“文武双全的美男子”。

而几十年后的张仪评价赵国：“赵氏，中央之国也，杂民之所居也。”

一个是营造如鲁、卫的高战斗力国家，一个是杂民所居的国家，你仔细体会一下这里面的区别。

三

没有真正解决民族问题，进一步导致赵国严重分裂。

1935 年，中国地理学家胡焕庸提出一个理念，在黑龙江瑷珲（今黑河市爱辉区）和云南腾冲之间画一条线，基本可以说明中国的人口和经济模式。

这条线以东是传统农耕区，经济发达，居住着大部分人口；以西则是草原和沙漠，属于自古以来的游牧经济区域。

后来，这条线被命名为“胡焕庸线”。

我们用“胡焕庸线”来看赵国历史，就能看得很明白了。

公元前475—前425年，赵氏家主是赵襄子，执掌赵氏家族的生杀大权，虽然“三家分晋”还没有发生，但是赵、魏、韩已经坐大，各家都能独立扩张地盘了。

赵襄子时代，赵氏夺取代地，于是该如何治理代地，成为赵氏必须要考虑的问题。

代地在山西北部，紧挨着内蒙古大草原，在经济和人口不发达的春秋战国时期，那地方是戎狄的地盘，大致处于“胡焕庸线”的西边，而赵氏的传统地盘在太原和河北地区，在“胡焕庸线”的东边。

既然经济模式不同，再加上不能彻底压服戎狄，赵襄子便想出一个办法，封亲侄子为代成君，代表赵氏家族统治代地。

要知道，那时候已经出现郡县制了，凡是有条件的话，大家都愿意选择郡县制来治国，谁都知道分封会削弱国力。

但是没办法，经济问题和民族问题告诉赵襄子，代地建不了郡县，只能分封出去，按照戎狄的习俗管理戎狄。

到了战国时期，赵武灵王缺一个商鞅给他变法，也知道解决不了这个问题，便延续分封的政策，不仅设立“代相”的职位，并且封长子赵章为安阳君，统治代地。

问题已经很明白了，代地是赵国内部的一个封国，权力极大，独立性极强，完全有能力和赵国的邯郸政府抗衡。

这就是民族问题造成的国家大面积分裂。

而且赵武灵王立幼子赵何为王，自己退位做“主父”，准备亲自统领军队开疆拓土，让两个儿子分别统治游牧和农耕区。

一条大致画出的“胡焕庸线”，直接引起赵国游牧和农耕的经济问题，以及赵人和戎狄的民族问题，最终让赵国分裂成两个独立地区。

而分裂的赵国，又引爆赵氏兄弟争权的“沙丘政变”，威名赫赫的赵武灵王被活活饿死。

后来赵国终于在代地设立郡县了，但也只是设立了郡县机构，根本不能有效控制地方，导致代地的独立性非常强，跟不是赵国地盘似的。

比如，李牧是战国四大名将之一，中国历史上忠臣良将的代表。

可《史记·张释之冯唐列传》里，冯唐对汉文帝说：“李牧为赵将居边，军市之租皆自用飨士。”

《史记·廉颇蔺相如列传》里也有，“李牧……常居代雁门，备匈奴。以便宜置吏，市租皆输入莫府，为士卒费。日击数牛飨士……”。

李牧驻扎代地的时候，办了军队经营的农贸市场，收到的赋税全部做军费，一分钱都不向朝廷上交，而且可以自己任命官吏、不报告朝廷就能决定是否和匈奴作战、议和。

而且每天杀几头耕牛，给士兵吃牛肉。

这种在秦国是天方夜谭的事，在赵国却常见。

可以说，直到赵国灭亡的时候，代地始终是半独立地区，赵国朝廷能直接动员的力量非常有限。

当然，赵国也不是没努力过。

《史记·赵世家》记载，赵国灭了中山国以后，“迁其王于肤施”，肤施在今陕西榆林东南，当时是赵国管辖的代地。既然迁徙中山王，那么肯定有很多中山国子民随行。

赵国这么做，一方面是空出中山国的地盘，让赵人住进去；另一方面是通过移民同化代地的戎狄部落。

《竹书纪年》也说，“邯郸命吏大夫奴迁于九原”，九原在河套地区，更是代地的核心地区。

如果说迁徙中山国子民，不算严格的赵国移民，那么直接迁徙赵国人民，基本可以表明赵国同化代地的决心了。

但结果很不好。

因为赵国不能严格管理代地，控制力非常弱，于是赵国迁徙到代地的人民，非但没有完成同化戎狄的任务，反而让戎狄给同化了，甚至有一部分戎狄化的赵人，跑到草原上做了匈奴人。

这一切能怪谁呢？

这是民族问题导致的政权结构变异，唯一能解决一切问题的变法，也没有彻底推行。

想练《辟邪剑谱》，迟早是要还的。

而秦国经过彻底的变法，基本没有民族问题造成的国家分裂。

陕北和甘肃是传统游牧地区，除了征服初期的反复较量，你什么时候听说这些地方有独立倾向？

毕竟在个人原子化的社会，政府的控制力是极强的。

就算个别人有独立想法，以秦国政府和军队的高效率，随便出手，也能把民间叛乱消弭于无形。

这就是变法和集权的力量。

四

赵国的问题这么多，为什么还能坚持几百年，公元前 222 年才灭国？其实主要是因为邯郸的地理位置好。

当时的中国北方有几条交通要道，不论贸易还是作战，都要从这几条交通要道运输货物粮草。

一条是南北向道路，起自燕国首都蓟城，直达河南的魏国和韩国，然后经过温县，向西延伸到洛阳、函谷关附近。

另一条是东西向道路，起自上党，向东可以到达齐国的临淄。

还有一条东西向的道路，从齐国临淄横穿赵国全境以后，可以直达秦国首都咸阳。

而这三条交通要道的交会点，就是赵国首都邯郸。

中国北方的贸易往来都要走这几条路，也必然要经过邯郸，于是邯郸成为中国商业的中心枢纽，重要的商业贸易城市，以至于“商贾错于路，诸侯交于道”。

赵国首都是重量级商业城市，可想而知货币流通有多少，赵国的商税收到手软，数钱数到手抽筋。

正因为有大量商税可以收，变法不彻底的赵国，完全可以用经济来掩盖国内矛盾，实力雄厚，大部分时候可以硬抗秦国。

赵国在长平之战后能坚持几十年，原因就在这里了。

赵国在收商税之余，还搞高科技和金融。

那时候的高科技是炼铁，毕竟铁炼得好，可以卖给其他国家打造兵器……说来也巧，邯郸附近的铁矿非常丰富，整个赵国的河北、山西地区，有很多铁矿。

更绝的是，赵国炼铁用“高温液体还原法”，造出来的斧、锤、凿、刀等铁器特别耐用，属于各国争抢的畅销品。所以赵国占据河北，就有了高科技生财利器。

到了战国后期，炼铁这项高科技项目，已经成为赵国的重要产业，和商税一起维持赵国的国力。

而有了贸易和高科技，赵国发行的货币自然就多了，那些布币和刀币跟着商人流动，形成赵钱流通天下的金融现象。

从考古成果来看，赵国货币是出土最多的，占到春秋战国货币的三分之一，仅仅 1963 年山西阳高县发现的 13000 枚货币，赵钱就有 24 种，而魏国是 6 种、韩国 3 种、燕国 2 种。

可见赵钱是真的多。

得亏战国时期的金融知识不发达，要不然赵国完全可以收铸币税，或者用收紧银根、大水漫灌的方法搞金融危机，削弱其他国家的国力。

以赵国的经济实力，这是完全可以做到的。

但赵国终究失败了，为什么呢？

除了民族问题造成的国内矛盾，赵国的另一个根本危机就是农业。

我们之前说重农抑商的时候说过，农业是古代中国唯一的生产项目，商业是不从事生产的食利行业。

那些不实行“重农抑商”的国家，终究要走上灭亡的道路，只有重视农业生产的国家，才有一步步向前走的希望。

赵国因为贸易、金融和高科技产业发达，不是非常重视农业，不仅从来没有改革农业的生产关系，也很少颁布鼓励农业的法令，自始至终都没有整合起农业资源。

后来赵国彻底躺平了，反正有的是钱，可以买粮买兵嘛，干吗要自力更生搞实业呢？

所以赵国的“农商并重”之路，其实放弃了生产积累的产业，导致食利产业侵占了国家的半壁江山。

而不努力生产的国家，娱乐业往往比较发达，于是赵女成为战国时期的娱乐明星，高级的出入诸侯后宫，低级的就在街头卖艺。

这种国家不管多强大，都是一个大泡沫。

再看秦国，非常重视农业。

“商鞅变法”里的废井田开阡陌、耕战、用粮换爵等法令，都是在鼓励农业生产、打击食利的商业，这才是正儿八经的强国之术。

早在秦惠文王时代，苏秦就说：“（秦国）田肥美，民殷富，战车万乘，奋击百万，沃野千里，蓄积饶多，地势形便，此所谓天府，天下之雄国也。”

到了秦始皇发起灭国大战之前，秦国境内“粟如丘山”“秦富天下十倍”，综合国力远远超过以赵国为首的关东六国。

在秦国这种生产力发达的雄国面前，赵国丰厚的商税、交通的发达、发行的货币能坚持几十年，但终究底气不足，迟早要衰落下去的。

《荀子·富国》里说：“轻田野之税，平关市之征，省商贾之数，罕兴力役，无夺农时，如是则国富矣。”“士大夫众则国贫，工商众则国贫。”

说的其实也是这个意思，当食利者众多的时候，国家必然贫困衰落。重视生产积累，国家才能富裕起来，越走越远。

经过长平之战的毁灭性打击，秦国逐渐蚕食太原、上党等地，钝刀子割肉一样消耗赵国的国力，足足放了几十年的血。

等秦始皇准备妥当，赵国灭亡的时候就到了。

五

公元前 228 年，秦军攻破邯郸，赵王迁出城投降。曾经在邯郸生活多年的秦始皇听到消息，亲自去了邯郸，把以前和他有仇怨的人全部坑杀。

赵国公子赵嘉带着几百人，跑到代地自立为王，苟延残喘了几年，于公元前222年被平定辽东的王贲回师，顺手灭了。

走在邯郸街头的秦始皇，不知是否会想起，秦国和赵国的祖先在许多年前是同一个人，只是后代走上不同的道路。

赵国一支离开周天子投奔晋国，然后去偷、去抢、去骗晋国的老同志，一点都不讲武德，和魏氏、韩氏用几百年时间，薅完晋国的羊毛，才被周天子承认既定事实，册封为诸侯。

秦国一支经过短暂的寄人篱下的生活之后，跑到关中自力更生，用几百年血战才打下秦国的基本盘，此后变法、征战、灭国一气呵成，最终完成舜帝“尔后嗣将大出”的预言。

故事的结局，恐怕在秦、赵各奔东西的时候，就已经注定了。

因为美好的预言，需要努力奋斗才能争取到。

韩国的生存之道

一

韩国王室是周天子的本家亲戚，不过血脉关系太远，除了“姬姓”以外什么都没混到，史书中说，“事微国小，春秋无语”。

可见春秋时期其他国家争霸的时候，韩国连入场券都没领到。

后来他们家出了一个猛人，这个人决定不再躺平挨捶，要支棱起来，便跑去晋国找工作。

经过多年（也可能是几代人）的努力工作，终于被晋国赏赐了一块封地，这才有了起家的资本。

因为封地在韩原，那个受封的人便被称为韩武子，他的曾孙叫韩厥，为了证明自己的身份，改称姬姓韩氏。

这是韩国的起点。

大家可能不知道韩厥是谁，其实他在“赵氏孤儿”里跑过龙套，不仅在屠岸贾大肆杀戮之前通知赵朔逃跑，并且在赵朔死后，守护了赵氏有孤儿的秘密。

14年后，他把赵氏孤儿的秘密告诉晋景公，这才恢复赵家的地位。

你看，人家明明已经很努力了，依然是历史大事件里的龙套角色。就像鸡汤故事里说的，我努力18年才能和你一起喝咖啡，却不能参与你的生活。

不过能参与历史大事件，说明会有一系列进步机会。

随后韩、赵、魏三家瓜分了祁氏、羊舌氏的10县地盘，又参与讨伐范氏、中行氏，地盘继续扩大。

到了公元前453年，韩、赵、魏联手攻灭智伯，瓜分智氏的地盘，膨胀到不可遏制的程度，书里说“地益大，大于诸侯”，可见韩氏已经有了睥睨诸侯的实力。

回头来看这些历史大事件，几乎没有一件是韩氏主导的，他们主要是用既得利益做筹码，通过一系列站队成功，混成一方诸侯的。

韩氏的地盘，也是参与瓜分失败者逐渐积攒起来的。

原本晋国是春秋时代的霸主之一，家底特别雄厚，韩、赵、魏撕咬晋国的尸体，也各自吃得满嘴流油。

公元前403年“三家分晋”以后，韩国凭借晋国留下的遗产，竟然能“伐郑，取阳城。伐宋，到彭城，执宋君……伐齐，至桑丘”，甚至在公元前375年灭了郑国，迁都新郑。

这也是韩国位列“战国七雄”的底气。

周边大国打不过，但可以吊打一些小国，属于将军里的矬子，矬子里的将军。

二

韩国的葫芦里有几个宝贝，基本能保证“矬将军”的地位，不至于退出“战国七雄”的行列。

第一个宝贝就是人口。

在经济重心向江南转移以前，中国大量人口集中在北方，尤其是黄河中下游地区，更是人口扎堆的地方。

这个历史规律从三皇五帝时期，一直持续到唐朝安史之乱以前。直到唐朝末年的战乱导致人口向南迁徙，再加上气温降低，江南逐渐适合人类生存，北宋时期的人口，才变成南北方大约各占一半。

所以在战国时期，人口最多的地方，还是在黄河中下游地区。

根据《史记·韩世家》里“秦拔我宜阳”“秦拔我宛”“秦悉拔我上党”“秦虏王安,尽入其地,为颍川郡”的记载,我们可以知道,宜阳、宛城、上党和新郑都曾是韩国的土地，而这些地方对应的郡，则是三川郡、南阳郡、上党郡和颍川郡。

这些地方有多少人口呢?

战国时期没有人口普查，我们不知道具体数据，不过西汉末年做过一次，全国总人口6000万左右，其中河南郡174万人，南阳郡194万人,颍川郡221万人,上党郡33万人,四郡人口共计622万人。

据学者估计，战国时期总人口约2500万，那么按41%的比例换算，就知道韩国鼎盛时期有255万左右的人口。

在人口就是劳动力的年代，韩国的人口不少了。要知道秦国奋斗一百多年，国土面积翻几倍，到灭国大战前夕也不过600万人口。

真要说韩国立国初期，人口恐怕不比秦国少。

第二个宝贝是铁矿。

韩国故都宜阳有一个铁矿，产量非常高，冶铁技术也非常好，结果在挖矿的同时，把宜阳和新郑也带成了冶铁城市。

有铁、有技术，一方面可以贩卖生铁，充裕财政；另一方面能打造铁制武器，装备韩国的军队。

那时候的主流武器材料是青铜，很脆，不耐用，如果大家都用青铜器作战也没什么，可要是有人装备了比较坚硬的铁器，那不就成降维打击了嘛。

所以装备铁器的韩国，在各国军队中战斗力还不错。

而且韩国把铁和技术结合起来，生产出射程远、力量强的弩，据说能射 600 步，在冷兵器时代，这种铁弩就是大杀器。

苏秦合纵的时候拍韩王马屁："（韩国）地方九百余里，带甲数十万，天下强弓劲弩皆从韩出。……韩卒超足而射，百发不暇止。远者括蔽洞胸，近者镝弇心。……以韩卒之勇，被坚甲，蹠劲弩，带利剑，一人当百，不足言也。"

大意就是韩国的武器装备太秀了，千万要振作起来，绝不能躺平。

苏秦是大嘴巴，游说的时候也有夸张的成分，毕竟是外交嘛，大家都理解。但是韩王竟然没有反驳，反而默认苏秦说得有道理。

那么抛开外交场合的互吹水分，间接也可以说明，韩国军队是真不错。

有一项领先各国的产业和技术，这也是韩国称雄的大本钱。

第三个宝贝是城市。

公元前 375 年韩国灭郑，迁都新郑。韩国知道自己的国土面积小，战略纵深不足，一旦爆发战争，极有可能出现兵临城下的局面，那么都城的防御就很重要了。

于是韩国对新郑进行大规模改造。

比如城墙要加宽加厚，绝不能让敌人轻易攻破。新郑城内也修建一座墙，把新郑分成东西两城，即便敌军攻进来，也不可能顺利占领城市，而韩军却能用分割开的城市，进行巷战。

至于外围防御圈，那就更简单了。

新郑城外有什么山头、水沟和关隘之类的地方，基本都修建了军事堡垒，派小股部队驻守。

这些军事堡垒和地鼠似的，单独拎出一个来驻军不多，可成百上千个堡垒加起来，就是一股庞大的军事力量。

如果某个堡垒遭遇攻击，其他部队可以迅速赶来援助。

猛虎架不住狼多，就问你怕不怕？

经过多年经营，韩国形成以新郑为中心、周边城市为据点、遍地军事堡垒为基础的军事防御体系。

这套军事体系和铁王八一样，谁来啃都要崩掉大门牙。

我灭不了你，你也休想灭了我，哎，就是玩儿。

按道理说，立国之初的韩国基础条件不错，甚至一度和秦国不相上下，不说强势崛起争霸天下吧，起码也能做个地域性强国。

最后怎么就混成战国最矬的国家了呢？

三

我始终相信，地理能决定一个国家的命运。

韩国处于中原的核心地区，这地方在历史上属于“四战之地”，凡是以中原做根据地的势力，基本没什么好下场。

所谓“得中原者得天下”，并不是说以中原为根据地的势力能得天下，而是说中原作为地缘战略的支点，可以做强大势力进攻的跳板。比如三晋攻楚要经过中原吧，秦国伐齐要经过中原吧，楚国问鼎天下要经过中原吧？

处于这种位置，韩国注定是天下强国的眼中钉。

除了中原以外，韩国北部的上党地区，更是重要的战略地区。

山西号称“表里山河”“俯瞰中原”，吕梁山和太行山处在两边，让山西成为相对封闭的独立地理单元。

谁要是占据山西全境，便能四面出击争霸，赢了皆大欢喜，输了也可以退回山西，封住两座大山和黄河，谁都进不来。

春秋时期的晋国、五代十国的沙陀、民国的阎锡山，都是利用山西的地理条件，数十年立于不败之地。

现在韩国没有山西全境，却割到了上党地区。

这地方在太行山南部，属于易守难攻的战略高地，韩国有了上党地区，足以利用地形威胁赵国和魏国。

于是赵、魏作为异父异母的亲兄弟，也不喜欢韩国，最起码不喜欢拥有上党地区的韩国。

得罪了天下各国，韩国的日子很难过。

你可能有疑问：“东汉末年，曹操也是中原势力，为什么他能东征西讨，最终统一北方呢？”

这个问题也简单。曹操的个人能力固然很强，但曹操成功的主要原因是，除了河北袁绍以外，周边势力都没有整合起来，而且袁绍的动员力远远不如曹操。

比如关中的董卓残部，凉州的马超、韩遂，南阳张绣，徐州的刘备、吕布，不仅个人能力不如曹操，武将也不如以曹氏为核心的团队，甚至境内的门阀士族，也没有像颍川士族一样整合起来。

这样的势力，根本不是曹操的对手，所以曹操才能逐渐灭掉周边势力，集中力量和袁绍决战。

可以说曹操处于四战之地，却除了袁绍以外，没有与之匹配的敌人。

现在韩国就没这么好的运气了，论国家的实力和资源整合力，哪个国家都不比韩国差。

韩国想改变命运，只有两条路可走：要么自我阉割，心甘情愿地做大国的狗腿子；要么积极追求进步，向四周扩张。

国家和人一样，但凡有的选，谁愿意躺平挨捶呢？于是韩国选择追求进步，争取做一个大国。

公元前 351 年，韩国拜申不害为相，开始变法。

看到这个时间，恐怕你也想到了，此时的秦国正在进行商鞅变法。也就是说，韩国和秦国是同时变法的。

我们知道，商鞅变法彻底改造了秦国，把秦国的土地、人口、军队、贵族和地理都整合在一起。而且商鞅在变法的过程中，秦国用授田、军功爵的方式，让无数农民和军人受益，培养起和变法荣辱与共的利益集团。

不管什么时候，这些人都不可能反对变法，要不然到手的利益就得吐出去。

这才是变法成功的关键。

大家可以注意一下，中国古代王朝能不能变法成功，有一个关键指标，就是有没有一个因变法受益的利益集团。

如果没有，那就非失败不可，王安石就占了这一条。

而商鞅变法之所以成功，就是因为有一个庞大的受益群体，才形成不可阻挡的趋势，越滚越大，最终彻底改变当时的中国。

韩国变法，恰恰因为没有培养起利益集团，最终才会失败。

申不害是法家的术治派，讲究强化君主集权、君主用权术手段驾驭群臣、用法令整顿官吏，清理贵族是题中应有之义。

这套手段见效快、火力猛，但是仔细想一下，法令都是有利于君主的，没有一条让大臣受益，更没有打通人民阶层跃升的通道。

好处都让君主占了，黑锅全让大臣背，人民被迫成为沉默的看客，谁脑子进水了支持变法?

这种变法就是走邪路了。

没有培养起变法的利益集团，结果就是韩国只强大了 15 年。

申不害变法的同年，“国内以治，诸侯不来侵伐”，申不害去世两年后，便出现“秦来拔我宜阳”的黑色幽默。

所以说，依赖于强人的政治，必然随着强人的离世而落幕。政治这东西终究要把朋友搞得多多的，把敌人搞得少少的。

而韩国变法失败，便没有四面出击的国力，进而不能打破地理格局的制约，只能困在中原挨捶了。

四

公元前 307 年，秦国斩首 6 万，攻占宜阳。

我们前文说，宜阳是韩国的冶铁重地，产业和技术占韩国的半壁江山，现在秦国攻占宜阳，相当于夺走韩国的产业链、高新技术和原料产地。

失去宜阳的韩国，还是当年有望崛起的韩国吗?

而有了宜阳的秦国实力大增，后来秦国的军工发达，尤其喜欢用弓弩破敌，极有可能是吸收了韩国的军工技术。

此消彼长之下，韩国算是彻底走下坡路了。

于是韩国的生存之道，便从正面硬抗，转型为背后搞阴谋，只要能让韩国避免亡国的命运，什么事都能做，什么话都能说，总之一个字——“苟”。

你说节操，韩国会问你：什么是节操？

比如长平之战的起点，就是秦国要攻占上党，然后以上党的战略高地为桥头堡，威慑赵、魏、韩三国，慢慢经略中原。

韩国知道打不过秦国，上党郡守便投降赵国，玩了一把祸水东引。那意思就是，上党送到面前了，赵国想要不？想要就帮韩国攻秦。

结果赵国被坑惨了，赔进去 40 多万人。

秦始皇继位以后，天下各国都知道，秦国肯定要发动灭国大战，大家的好日子都不长了。

怎么才能续命呢？韩国的办法还是苟。

韩国派水利工程师郑国入秦，劝秦国修一条水渠，好处非常多，秦国尽管放心。

其实就是忽悠，水渠是不是对秦国有利，韩国根本不关心，只要能以修渠的名义，消耗秦国的人力物力就行。

秦国君臣被忽悠了，开始动工修渠。结果水渠修好以后，可以灌溉 4 万顷田，以至于“关中为沃野，无凶年，秦以富强”。

还是搬起石头砸自己的脚。

《史记·韩世家》的后半段，基本就是一部韩国的血泪史，司马迁的笔调冷峻，语言精练，没有任何个人感情，但读起来还是感觉很惨。

（桓惠王）九年，秦拔我陉，城汾旁。

十年，秦击我于太行……

十四年，秦拔赵上党，杀马服子卒四十余万于长平。

十七年，秦拔我阳城、负黍。

……

二十四年，秦拔我城皋、荥阳。

二十六年，秦悉拔我上党。

二十九年，秦拔我十三城。

……

（王安）九年，秦虏王安，尽入其地，为颍川郡。

韩遂亡。

随着各地被秦国占领，韩国的人口也成了秦国的，那么人口优势便不复存在了。

而国家领土逐渐丢失，让韩国的战略纵深进一步缩小，千辛万苦打造的新郑防御体系，面临困局。

破城灭国，只是时间问题。

其他各国被灭起码能挣扎一下，韩国连挣扎都没机会，只能眼睁睁看着自己死去。

五

一个国家可以存在几百年，但改变命运的机会，可能只有一两次，抓住机会龙飞九五，抓不住就彻底完了。

韩国唯一可以逆转地理劣势进而改变国运的机会，就是申不害变法。

结果由于路线选择错误，韩国终究没能强大起来，原有的国家优势，也被秦国逐渐夺走。

可见在国家转型的关键时期，走什么样的道路，决定了什么样的结局。

商鞅变法在改造国家的同时，照顾了大臣、贵族和人民的利益，形成举国一致的利益共同体，这才是变法滚滚向前的最强动力。

申不害变法主张强人政治，几乎没什么受益者，一旦强人退去，国家富强的成果也付诸东流。

对比秦国和韩国的国运，其实就像孟子说的两段话：

> 天时不如地利，地利不如人和。
>
> 得道者多助，失道者寡助。寡助之至，亲戚畔之。多助之至，天下顺之。

如果项羽过了江东，能不能翻盘？

一

公元前202年，纵横天下无敌手的项羽，被汉军包围在垓下，面临缺兵少粮的绝境。

仿佛等着看项羽的笑话一样，汉军设下“四面楚歌”之计，也就是让包围项羽的汉军连夜高唱楚歌。项羽误以为楚国都被汉军占领，害怕继续固守阵地，会被汉军一锅端，便带领800多人趁夜色突围。

在咸阳分封诸侯的时候，项羽肯定没有想到，自己居然有仓皇逃命的一天，身后数十万汉军的统帅，就是曾经坐在主席台下鼓掌的刘邦。逃命路上的项羽在想什么，没人知道，但是换位思考一下，估计是：命运啊，太喜欢捉弄人了。

跑路到天明，项羽周围只剩下百余人，而死死咬住项羽不放的，是卖布出身的灌婴，以及灌婴率领的5000骑兵。随后项羽分兵，三战三胜，杀近百人，项羽只为证明是天要亡他，而不是自己军事能力的问题。

突围到乌江边，乌江亭长劝他："江东虽然小，但也有千里土地，数十万人口，足以称王立国了，您赶紧过江吧。"

项羽不愿意过江。

当初和八千江东子弟去打天下，现在江东子弟都死在外边了，只有自己一个人回去，太羞耻了。即便江东父老承认项羽是王，他也不好意思发号施令。于是项羽在乌江自刎而死，五名汉将瓜分了项羽的尸体，然后以此为凭证，都被刘邦册封为侯。

千军辟易的西楚霸王，就此烟消云散。

项羽死了，但人间依然有他的传说，后世无数人在幻想，如果项羽听了乌江亭长的话，到江东继续称王，天下是否会不一样？

1000年后的唐朝诗人杜牧，赴任池州刺史的时候路过乌江亭，写了一首诗：

胜败兵家事不期，包羞忍耻是男儿。
江东子弟多才俊，卷土重来未可知。

再过几百年，金兵入侵宋朝，才女李清照南下路过乌江，也感叹项羽自刎的悲壮，写了一首绝句：

生当作人杰，死亦为鬼雄。
至今思项羽，不肯过江东。

不管他们的诗里有什么讽刺和暗示，起码杜牧和李清照都心疼项羽，并且对项羽寄托了无限希望，认为他只要到了江东，大概率能翻盘。

但问题是，项羽真的有机会翻盘吗？

二

争霸天下是要打仗的，而战争胜利的基本条件是经济和人口。

如果经济不发达，便不能保证军队的后勤，人口不多就没有足够的兵员，更缺少经济生产需要的劳动力。所以在争霸天下的路上，经济和人口，往往比统帅的军事能力更重要。

我们都知道项羽很能打，那么江东的经济和人口，能不能支撑起项羽的野心，让他继续称霸甚至反攻？

秦汉的资料流传下来的不多，现在很难找到具体数据，但我们可以用汉朝的资料参考一下。

《史记·货殖列传》里记载：

> 楚越之地，地广人希，饭稻羹鱼，或火耕而水耨，果隋蠃蛤，不待贾而足，地势饶食，无饥馑之患，以故呰窳偷生，无积聚而多贫。是故江淮以南，无冻饿之人，亦无千金之家。

意思就是，江淮以南的千里土地上，地广人稀，农业生产仍为刀耕火种的方式，粮食产量非常低下。如果粮食不够吃，人们就去摘果子、捕鱼，反正遍地都是。

所以，江淮以南基本饿不死人，但是想大富大贵也很难。

整体来说，经济条件一般，人们没什么奋斗意志，如果不是乱世争雄，大部分人都过着岁月静好的生活。

黄河流域的经济就不一样了，可以说是财富汇聚的重地。

《史记·货殖列传》里说了：

> “关中……膏壤沃野千里……巴蜀亦沃野……关中之地，于天下三分之一，而人众不过什三，然量其富，什居其六。”
>
> “（燕）鱼盐枣栗之饶。”“邹鲁……颇有桑麻之业。”“齐带山海，膏壤千里，宜桑麻，人民多文彩布帛鱼盐。”

这些话的意思更简单了，虽然关中只有天下三分之一的土地，人口也只有 30%，经济总量却占汉朝的 60%。而四川、辽东、山东和河北等地，都有各地特色产业，足以支撑起地方经济。

换句话说，整个黄河流域的经济总量，几乎占到汉朝的 80% 以上。

司马迁写《史记》是在汉武帝年间，距离项羽自刎大约七八十年，在 2200 年前“车马慢”的年代，七八十年的时间，根本不可能出现经济重心转移的变化。所以在项羽自刎乌江的时候，江东和中原的经济比例，和司马迁的记载基本吻合。

虽然经过多年战争，中原经济受到严重的打击，汉初君臣都凑不出颜色一样的四匹马，但是地区的经济比例不会变。

刘邦在战场上输了一次又一次，回关中晃悠一圈，就能满血复活，把粮食和衣服发给军队，继续和项羽死磕。而根据地在东部的项羽输了一次，就被逼入绝境，除了被人说烂的用人和手段以外，背后最重要的原因便是地域经济太差。

如果项羽到了江东，以不到天下 20% 的经济总量，怎么和占有

80% 经济总量的刘邦对抗？哪怕直接封锁大江，也能把项羽困死。

然后再来说人口。

江东有多少人口呢，乌江亭长都说了——数十万。单从数字来说，几十万人口不少了，足够称霸一方了，但把这个数字放到整个中国，远远不够。

秦朝灭亡前有 2000 多万人口，经过八年战争摧残，按照“户口减半”的说法，再加上躲避战争逃亡到山林里的黑户，汉初人口保守估计有 1000 万到 1500 万。

数十万人口的江东，动员力发挥到极限，能招募 10 万军队差不多了吧？但是拥有千万人口的刘邦，开足马力动员参军的话，招募几十万军队几乎没什么问题，毕竟有 600 万人口的秦国，兵力极限是 60 万，那么“汉承秦制”的汉朝，军队规模只会比秦国大。

而且汉朝还有足够的人口参加农业生产，项羽招募 10 万大军，很可能面临经济断档的困境。

项羽的军事能力再强，士兵死一个就少一个，完全扛不住人口消耗战啊。

回顾楚汉战争，每次刘邦输得啥都不剩，萧何就在关中招兵送到前线，让刘邦重新和项羽对阵。刘邦正是用消耗战活活把项羽给耗死的。

事实上，人口始终是割据江东的天花板。

经过汉朝 400 年的稳定发展，到了公元 140 年，扬州六郡共有人口 430 万，荆州七郡有人口 620 万。此后以荆扬为基本盘的东吴政权，几乎没有和曹操正面对抗的实力，必须和占据益州的蜀汉结盟，才能勉强维持三足鼎立的局面。

蜀汉更不用说了，诸葛丞相北伐，从来没领过 10 万以上的军队，而且经常因缺粮返回成都，导致北伐功败垂成。因为蜀汉政权的人口，只有不到百万。

如果说地区经济决定了政权的下限，那么人口则决定了政权的上限，一个国家没有人口和经济，任凭领袖的计谋和政策多么宏伟，也只能发出“天不助我”的叹息。

三

根据前文的分析，我们可以断定，项羽到了江东，几乎没有机会翻盘。

他要是听了乌江亭长的话，跑到江东做了几十万人的王，最大的可能是在刘邦的围攻下，地盘越来越小，人口越来越少，日子过得一天不如一天。

为了稳定人心，项羽可能会打起“反攻”的大旗，最开始还能笼络人心，可随着战场消耗和经济困境，反攻的希望越来越渺茫，最终连项羽自己都不信了。然后他会回想起“西楚霸王”的光辉岁月，指挥千军万马纵横天下的意气风发，以及鸿门宴上刘邦跪地求饶的姿态。

到那个时候，曾经的辉煌和现实的窘迫一对比，项羽恐怕更难受。

人不怕一无所有，就怕得到一切又全部失去，这种落差，足以让一个人生不如死。

幸亏项羽在乌江自刎了，以最雄壮的姿态留在历史的长河里，也让自己成为一个悲剧英雄。这才给后人留下幻想的空间，想象他渡过乌江会如何如何，可如果项羽真的到了江东，恐怕杜牧和李清照就要吐槽了：

“你去江东干啥，怎么不赶紧自杀呢，了断自己有那么难吗？呸，老贼。”

美人自古如名将，不许人间见白头。只有悲剧的英雄，才是人们同情的英雄，要是英雄落幕了，各种杂七杂八的黑点就冒出来了，人们嫌弃都来不及，哪里还有半点同情？

不禁让人想到汉武帝和李夫人的故事。

李夫人是汉武帝的宠妃，病重快死的时候，汉武帝去寝宫看她，想和李夫人见最后一面。结果李夫人用被子蒙脸，死活不见汉武帝，说她长期病重面容憔悴，不想让汉武帝看到。

汉武帝说见我一面就赏你千金，并且给你的兄弟封官，李夫人还是不露脸，说封不封都随你的便，反正我不见。

汉武帝无奈，拂袖而去。后来姐姐问李夫人，都到这种时候了，你怎么就不见面呢？惹怒陛下,还怎么嘱托后事？李夫人才说出原因：“以色事人者，色衰而爱弛，爱弛则恩绝。陛下此时来看我，无非是因为我的颜值高，现在长期病重，颜值已经不在线了，陛下看到会嫌弃我的。”

她是想把最美好的东西，永远留在汉武帝的心里，让汉武帝回想起来都是幸福时刻，而不是人生最后的一张丑脸。

虽然故事不同，但结局类似，项羽和李夫人都是聪明人。

河西走廊是关系中国古代王朝命运的地方[1]

一

欧亚大陆是典型的哑铃格局，就是说汉唐与罗马等强国都在欧亚大陆的两侧，中亚地区虽然有贵霜、大食和奥斯曼帝国崛起，但始终不能长久。

原因便是欧亚大陆的两侧是角地，国家崛起之后，不必担心敌人从四面入侵,只要专心对付一面的敌人就行。中亚正好处于陆地中间，四周又没有高山大川做保护，导致争夺世界霸权的国家，都想来碰一下运气。

于是中亚强国只有两条出路，要么做世界强国争霸的主战场，要么做中间商，吃世界贸易的红利，就是利用欧亚大陆上的丝绸之路。

1 本章中的“中国”概念与现通行的“中国”概念不同。

其实中国的地理环境也是这样。能统一天下的政权，往往是在四个角地崛起的，比如关中的刘邦和李渊、长三角的朱元璋、辽东的努尔哈赤。那些在中原“四战之地”混饭的政权如曹操、朱温，总是打得非常艰难，不是在灭火，就是在赶去灭火的路上。

但中国和欧洲有一点不同的地方。

欧洲进入中亚地区，没有特别残酷的地理环境阻拦，只要实力足够，便能组织军队一路向东征伐，直到实力消耗殆尽为止。而中国的地理环境太特殊了，400 毫米等降水量线以南是农耕区，也是中国数千年的基本盘。400 毫米等降水量线以北，则是内蒙古高原和青藏高原。这两个地方现在开车去都费劲,更别说“出门基本靠走”的古代了。

内蒙古高原和青藏高原是独立地理单元，彻底把中国和其他国家隔离，导致中国不知道世界有多大，世界各国也不知道中国的存在。

以前网上有个话题很热门 :“亚历山大带着几万部队从马其顿出发，12 年时间便横扫中亚，直到击败印度才返回故乡。如果亚历山大不返回，能不能击败战国诸侯，甚至统一中国？”

这个话题就很扯了，问题的关键不是击败战国诸侯，而是亚历山大就来不了。他在印度望着白雪漫天的喜马拉雅，可能以为到了世界的尽头。即便他想尝试一下，估计刚翻过雪山，队伍就废了，而前方还有数千里的牧区要走，能活着吃到秦国糙米就谢天谢地吧。

这样的地理环境决定了中国的命运。

在欧洲和中亚频繁交流的时候，中国像一座孤岛，被两座高原封锁在欧亚大陆的最东边。中国想走出去和其他文明交流,唯一的通道，就是两座高原之间的河西走廊。

只有穿越千里河西走廊，进入新疆，继续向西翻越葱岭，才算走出地理封闭圈，和其他文明国家接轨。

太难了。

而两大高原的包围，对于农耕区的中原王朝来说，也是决定国运上限的天花板。

因为在海洋时代来临以前，中原的主要敌人是内蒙古高原的游牧民族，如匈奴、突厥、契丹、蒙古和女真。

他们知道，想占领文明根深蒂固的中原很难，便以骚扰抢劫为主，再加上逐水草而居的生活习惯，就会在内蒙古高原发育壮大之后，沿着草原继续西进，把能占的地方都占了，很自然地就来到河西走廊。

河西走廊作为农耕区与内蒙古高原和青藏高原之间的唯一通道，最窄处只有几公里，属于易守难攻的兵家重镇。游牧民族占领河西走廊，可以和羌人、喇嘛勾搭在一起，对中原王朝形成“C”形包围圈。

这不就被彻底锁死了吗？

原本中原就处于地理封闭的环境，不容易和其他文明交流，现在连农耕区都出不去，被游牧民族联盟堵在家门口猛锤，还有啥前途可言？结果就是中原王朝在农耕区“内卷”到死。

而且失去河西走廊，中原王朝会面临无险可守的窘境，游牧民族的骑兵用几天时间，就能突破防线进入关中，扰乱正常建设。

发上等愿，结中等缘，享下等福。如果只想守住长城，往往连长城都守不住，唯有把边境线推到极致，才有可能守住长城。于是那些雄才大略的人物形成一种共识：想守长城必须征服内蒙古高原，想征服内蒙古高原必须占领河西走廊，想持久占领河西走廊必须占领新疆。

也就是说，东北、内蒙古、新疆和西藏是中国的天然安全疆界，把这几个地方占稳了，中国才有安全可言。缺了任何一块，中国就面临危险。这是一环扣一环的地缘战略，不是人力能改变的，而这盘大棋的关键点就是河西走廊。

二

西汉初年，中国第一次面临这样的包围圈。

秦始皇去世以后，中国爆发大规模的农民起义，秦国朝廷为了镇压农民起义，便把驻扎在河套的秦军调回来，投入中原战场。这支军队就是“北却匈奴七百余里”的雄师，蒙恬的老部队，结果回到中原不仅没出什么成绩，在巨鹿之战被项羽灭了，反而造成长城防线空虚，一个能打的都没有。

匈奴的冒顿单于发现机会，悄悄派兵南下，占领了河套地区，在中原的头上悬了一把刀子。

而在占领河套地区的同时，匈奴还在另外两条战线出击。

当时的东北是东胡的地盘，实力非常强大，看不起同样是羊倌的匈奴，经常去敲诈勒索。东胡要黄金珠宝，匈奴给了，要女人也给了，后来东胡觉得匈奴不过如此，那就要点土地吧。匈奴的冒顿单于怒了，祖宗的土地怎么能给人呢？办他。于是趁东胡大意的时候，一战夺取东北土地。东胡觍着个脸说：“我大意了啊，没有闪，匈奴不讲武德。”

夺走东北之后，匈奴挥兵西进。

河西走廊生活的是一群吐火罗人，属于印欧语系的白种人，黄头发、蓝眼睛、高鼻梁，和现在的欧洲白人同种同源。他们操着一口吐火罗语，被国学大师季羡林研究了一辈子。也就是说，白种人在 2000 年前就迁徙到了中国境内。

吐火罗人在西域建立了库车、龟兹、于阗等国家，河西走廊上则是乌孙和大月氏部落。后来大月氏赶走乌孙，匈奴又驱逐大月氏，河西走廊成了匈奴的地盘，一个“C”形包围圈形成了。

到汉武帝做皇帝的时候，中国被匈奴压得喘不过气来，汉武帝不能忍，听说大月氏和匈奴有仇，便让张骞带领使团去搞外交工作，争取说服大月氏，联合起来夹击匈奴。

这是中国第一次站在世界舞台上，施展合纵连横的外交手段。

张骞出使 13 年，发现不得了。这个世界太大了，中国以为的“天下”不过是角落而已，在长安以西是千里河西走廊，再往西走是遍布数十个国家的西域，翻越葱岭还有更大的天地。

征服匈奴的关键，便是那条细长的河西走廊。

13 年后，张骞穿着破衣烂衫回到长安，把所见所闻告诉汉武帝。汉武帝是多么厉害的战略大师啊，一听就明白了：“这块地方，咱们得占了。”公元前 121 年，汉武帝任命霍去病为骠骑将军，一年两次扫荡河西走廊的匈奴部落，匈奴的浑邪王和休屠王抵抗不住，干脆投降了。

汉武帝把 4 万匈奴人安置在陇西、北地、上郡、朔方和云中，也就是陕甘和山西北部，想让匈奴和汉族融合起来；并且在河西走廊陆续设立 4 个郡。

酒泉郡，以“城下有泉，其水若酒”命名;张掖郡，张中国之掖，断匈奴之臂；敦煌郡，以“广开西域，故而大盛”为名；武威郡，彰显武功军威。

这四个郡的名字都很好听，寓意也很美，为了不辜负美丽的名字，汉武帝动员了 8 万人移民河西走廊，把游牧区变成农牧混合区。

种地，是中国人的一种天赋，如果在什么地方开始种地，那就说明不准备走了。也正是从汉武帝以后，河西走廊成为中国不可分割的一部分，并且和西域联系起来，彻底断掉匈奴的大后方，让他们只能在内蒙古高原困死，最后臣服于中国。

公元前 119 年，卫青和霍去病在这样的基础上，各率 5 万骑兵北伐匈奴，卫青全歼匈奴单于主力部队，霍去病则饮马瀚海、封狼居胥。

至此，中国海阔天空。

不过击败匈奴，只是打破了“C”形包围圈，想走出欧亚大陆的地理封锁，还要征服西域才行，如果中国没有进入西域，怎么能和欧亚大陆的其他文明接头？

公元前 104 年，汉武帝任命李广利为贰师将军，统帅 6000 匈奴骑兵、数万恶少年出敦煌，讨伐有汗血宝马的大宛。大宛在葱岭附近，而在敦煌和大宛之间，则是没有彻底臣服的西域国家。那么在李广利征伐大宛的时候，西域国家怕不怕？

怕就对了。

汉武帝的目的就是通过征伐大宛的军事行动，顺便威慑西域其他国家，最后把西域彻底收入囊中。征伐大宛要汗血宝马，只是名义而已，背后隐藏着汉武帝的中国地缘大战略。

李广利接到命令，带着部队出发了，结果西域国家都坚守城门，不给粮食，李广利的部队没到大宛，就只剩下几千人。稍微打了一下郁成，发现打不过，就返回敦煌，还给汉武帝上书：“没粮食，兵少，根本打不过，要不就算了吧？”

汉武帝都气得吐血了。

你连大宛都打不下来，岂不是让西域国家看笑话，让他们说“不过如此”，那还怎么征服西域？要是没有西域的话，一不能把汉文明推向四海，二要重新面对匈奴征服西域的危险。这些话我不能明说，你不会自己悟啊？

事到如今，汉武帝也不能隐藏真实意图了：“宛小国而不能下，则大夏之属轻汉……为外国笑。”

随后汉武帝命令封锁玉门关，敢踏入玉门关一步者斩，并且在全国搜捕恶少年和骑兵，一年后在敦煌集结了 6 万人、3 万匹马、10 万头牛，除此之外在河西走廊部署 18 万部队，随时准备支援。

汉武帝动员中国的战争潜力，就为了几匹马、出一口恶气？谁信谁傻。

贰师将军李广利得到补充，重新出发了。西域国家看到出关的雄兵，彻底蒙了，这是以前的乞丐部队吗？先别管那么多了，赶紧保命吧，于是“所至小国莫不迎，出食给军”，仿佛箪食壶浆以迎王师的样子。

3 万汉军抵达大宛城下，先断水源，围困大宛城 40 多天，城里的大宛贵族受不了了，赶紧杀掉国王，送马议和。李广利和属下商议，既然目的已经达到了，那就议和回家吧。

他们册立亲汉的新国王，带着 3000 多匹汗血宝马返回。

汉武帝非常高兴，封李广利为海西侯，封斩郁成王的赵弟为新畤侯，两千石以上高官百余人，千石以下千余人。

汉武帝有高兴的理由，因为通过四年的血战，无数战士出了玉门关就再也没回来，却换来中国战略空间的扩张。

匈奴在草原孤单寂寞冷。

此后中国再也不担心匈奴的威胁，更是用人力打通地理环境的封锁，正式融入世界的进程中去。

中国犹如展翅的雄鹰，开始腾飞九天。

三

以后的两千年，河西走廊一次又一次决定了中国的命运。

唐朝以河西走廊为前进基地，反复打破突厥的复辟阴谋，并且从甘肃和四川出击，和青藏高原的吐蕃较量多年。出玉门关收复西域，更是牵制了突厥和吐蕃的力量，让他们不能集中力量围攻内地。

如果唐朝没有河西走廊，也没有收复西域，面对强大的突厥和吐蕃联盟，恐怕连抬头做人的勇气都没有。

而这也是北宋的困境。西夏在河西走廊，赵官家怎么都打不过，被辽国和西夏联手欺负了很多年。

随后蒙古崛起，灭了金国、西夏、西辽、吐蕃和大理，形成以蒙古为核心的部族联合政权，各部族紧紧团结在蒙古的周围，对宋朝组成“C”形包围圈。

这种地缘战略，神仙来了也没办法。很多人用宋朝的战胜率和钓鱼城之战说事，想证明宋朝还不错，但战术的胜利掩盖不了战略的失败，整个国家都被蒙古包围了，部队再能打，又能坚持多久？

宋朝被灭国，很奇怪吗？

其实明朝从某种程度上说，也是亡于游牧民族的“C”形包围圈。

自从“土木堡之变”以后，明朝开始战略收缩，再也没有恢复汉唐荣耀的雄心。长城外的国土守不住就算了，保住中原就行。

明朝战略收缩，长城外的游牧民族却在到处串联。万历初年，也就是张居正改革的年代，蒙古俺答汗和西藏喇嘛取得联系，双方到青海亲切地交谈。而迁徙到西域的准噶尔、和硕特、土尔扈特等漠西蒙古部落，和西藏喇嘛的关系也特别亲密。

后金政权崛起以后，于1632年收服漠南蒙古，皇太极加冕为蒙古大汗，两年后漠西蒙古的总盟主固始汗派人出使东北，做了满族政权的附庸。1645年，清朝刚定都北京不到半年，已经占领西藏的固始汗，代表漠西蒙古和西藏归顺。两大高原包围中原的战略，再次出现了。

可以说，清朝正式平定中原之前，草原大串联就完成了，在战略上包围了明朝和李自成。游牧民族联盟两次入主中原，都是打通两座高原，对中原农耕区进行战略大包围，让中原王朝进入无险可守的窘境，最终亡国。

四

大自然给了我们“两大高原夹农耕”的地理环境，历朝历代的经验无不在证明，想保中原就必须和汉武帝一样，控制住河西走廊。

从这个层面来说，中国要突破的不只是敌国封锁，和欧亚大陆的地理格局较量，才是永恒的主题。

这是欧亚大陆的地理环境决定的中国命运。

国家是如何形成战斗力的?

一

《商君书·弱民》里说："民弱国强，国强民弱。故有道之国，务在弱民。"

数千年来，这句话都被人误解了。

很多人以为，法家治国就是让人民穷困，只有穷到衣不蔽体，才会死心塌地地依附国家，国家才能降低治理成本，减少人民造反的概率。

其实不是这样的。

自商鞅变法以来，历朝历代奉行"大政府，小民间"的治理模式，以及由此形成的二元制国家动员方式，"二元"指管理一切的政府和不能抱团的人民。

而要做到"大政府，小民间"，必须抽掉政府和人民之间的豪强。豪强就是地方贵族、士绅、黑帮等政府之外的力量，他们有钱有势，随时可以把散乱的人民组织起来，不论是抗税还是造反，都能和政府对着干。

当抽掉这些地方豪强以后，散乱的人民便不可能自发组织起来，也就没有能力违反政府命令，政府的动员能力达到最大化。

这也是国强民弱的精髓。

所谓弱民，削弱的不是普通劳动人民，而是可以在中间吸血的豪强。

所以豪强势力不强的时代，政府战斗力往往是最强的。

比如秦皇汉武执政的时候，经常动员几十万大军南征北战，灭了六国伐匈奴，打下两千年中国的基本盘。而且在打仗的过程中，还有修水利、移民屯田、运粮草、建宫殿等大工程，这都没把国家搞散架，靠的就是这种“大政府，小民间”模式。

反过来看，有豪强在中间食利的西晋和北宋，政府战斗力就弱得一塌糊涂，别说大国盛世了，差点连命都没保住。因为这两个朝代的治理模式成了“小政府，大民间”，这里的民间还不是普通劳动人民，而是地方豪强。

把零散的个体有序地纳入政府组织中，就是秦汉帝国战斗力的来源。

做个类比的话，秦、汉是根须深入地下数十米的大树，晋、宋就是随风倒的蒲公英。

把这种团队建设方式用在现代公司，就是砍掉复杂的组织结构，裁撤职能重合的部门，尽可能扁平化管理，董事会经过两三级部门，就能把指示直接下达到基层员工。

二

扎根基层只是大方向，想做成，需要极其强大的执行力，而执行力的保证是纪律。

很多人对纪律有一个误解，觉得纪律就是命令。如果我是某个单位的领导，那就命令所有人做这做那，反正他们也不敢反抗，于是纪律就有了。

如果纪律是从职位而来，那么春秋时代的周天子、战国时期的关东六国合纵长，应该是最有权力的人。可我们都知道，在周天子和合纵长的麾下，根本没有任何纪律可言。

其实纪律来自服从，而服从来自信仰和权威。

信仰很好理解。

往大说是描绘一个美好的愿景，号召大家为了美好未来向前冲，大家感觉未来如此美妙，为了成功让愿景落地，心甘情愿听命令。往小说就是个人有巨大的上升空间，只要跟着组织和团队向前走，迟早能过上好日子。

于是纪律就产生了。

刘邦团队是这方面的典型。

刚起兵的时候，刘邦给团队的愿景是伐无道、诛暴秦，号召大家不要想别的事情，专门以讨伐秦国为目标。反正天下苦秦久矣，刘邦说伐秦就伐秦呗，不仅为天下人民除害，还能在伐秦的过程中建功立业，何乐而不为？

仅仅三年后，刘邦进入关中成为汉王，麾下功臣也封为列侯将相，皆大欢喜。

既然目标完成了，接下来该怎么办？

刘邦又给团队描绘了新的愿景——打败项羽得天下。

本来大家已经有点惰性了，开始搜刮财宝美人，准备过几天好日子，现在刘邦说要得天下，大家就不困了。这事要是不积极，还能干吗？再过四年，刘邦会聚诸侯在垓下灭项羽，登上大汉皇帝的宝座，团队成员也水涨船高，成为大汉的开国功臣。

此时距离起兵也不过短短 7 年。

是不是感觉很魔幻？

汉初开国功臣也是一样的。短短 7 年时间，萧何从县吏成了相国、曹参从狱警成了平阳侯……个人空间得到大幅提升，人民公敌暴秦也诛灭了，人生至此还有什么追求呢？

所以从起兵到开国，刘邦团队的纪律都不错，也可以说，他们的信仰都实现了。

如果说信仰是纪律的上限，那么权威就是纪律的下限。

所谓权威，也就是恐惧。我们用朱元璋来举个例子。

早年间朱元璋造反的时候，团队里几乎没什么纪律，将领们抢劫、杀人、强奸，类似暴行比比皆是，朱元璋没其他办法，只能用严厉执法来打造纪律。

刚进南京城，将领们看到城里的女人，按捺不住内心的小火苗，但是朱元璋说了，敢违反法令的斩。

毕竟朱元璋是元帅，命令还是要听的，算了。

后来将军胡大海领兵在外，儿子在城里犯法，朱元璋想拉出去斩首，周围的人都在劝，胡大海还在外打仗，您在城里杀他的儿子，岂不是逼胡大海投敌？

朱元璋也很硬气，就算胡大海投敌叛国，也要维护纪律，果断杀了胡大海的儿子。

结果多年下来，大家形成一个共识，原来红线一点都不能碰，违法乱纪的事一件都不能做，要不然朱元璋真的敢杀人。

朱元璋的权威树了起来，团队也有了纪律。

其实说到底，纪律的作用在于，把基层组织起来的力量凝聚在一起，不至于泛滥成灾，最终瞄准一个目标狠狠打出去。

如果说信仰让人不想伸手，那么权威就是让人不敢伸手，上限和下限两手抓，两手都要硬。

三

我们之前说的都是如何打造团队，但是想打造这么强大的团队，还需要残酷的环境。

因为进步的动力，永远来自外部压力。

比如秦国能下定决心变法，原因是国力孱弱，灭亡在即，如果不下定决心进步求生，大家都要做亡国奴，到时候想好死都难。严酷的外部压力倒逼秦国，这才有了比关东六国更彻底的变法，以及横扫六合的大秦帝国。

又比如汉末以后几百年的关陇集团就没团结过，动不动就被曹操之类的军阀占领，以至于关陇士族在朝廷也没什么地位，毕竟打败仗了嘛，哪来的话语权？

到宇文泰割据关陇的时候，由于实力弱小，又和关东的高欢尿不在一个壶里，每天担心高欢挥师西进，关陇士族才团结在宇文泰周围，改革了一系列内政，扛住高欢的数次讨伐。关陇士族之间也互相联姻，资源和利益互换，完成深度捆绑，形成开创隋唐帝国的“关陇门阀”。

有了这两项成就，才有了煊赫数百年的隋唐帝国。

在求生存的过程中，国家执政团队不仅要战胜强大的敌人，还要战胜内部的叛徒、投机者、不同思想派系。他们必须改掉各种不合时宜的毛病，并且随时优化组织结构。

这就像一个没心没肺的学生，走入社会以后被残酷“暴打”，才会放弃对爱情的幻想、对青春的回忆，狠下心来学习各种技能，玩命找各种门路赚钱。当他登上人生巅峰的时候，已经是一个感情淡漠的人了，但是他换来了强大的战斗力。

大家可以观察一下，那些历经苦难成长起来的人和组织，生命力往往特别强，如果在成功之后依然能战胜不同的挑战，估计要成精了。

反而是那些“出道即巅峰”的，往往后劲儿不足，因为他们的战斗技巧和组织结构，根本没有经过残酷考验，遇到问题他们也不知道该怎么办，甚至失败了也不知道问题出在哪里。

说不定什么时候遇到黑天鹅，就哗啦啦地垮掉了。

所以说，政治永远起于边塞苦寒之地，壮大于刀光剑影之中。能吃多大的苦，就能享受多大的荣耀。

《孟子》里说“入则无法家拂士，出则无敌国外患者，国恒亡”，其实就是这个道理。

生于忧患，死于安乐。

秦始皇的大仁政和小仁政

一

说起秦国和秦始皇，大家能想到什么？以下几种观点恐怕是不可避免的。

秦国发动统一战争杀死百万人，太暴虐。

歌颂战争是不尊重生命。

歌颂秦始皇是跪舔权力。

法家治下的秦国没有人性和自由。

暴秦只有集体，不尊重个体。

这些都没错，也符合真实的历史基调，但秦国是第一个大一统王朝，秦始皇是第一个统一中国的皇帝，恐怕不是几种简单的观点就能盖棺定论的。作为《史记》重点着墨的部分，我们有必要来分析一下，如何看待秦国和秦始皇的问题。

秦国到底是不是杀了很多人？

是的。

战国时期的秦国就有虎狼之称，每次战争都以斩首数量论军功，也就是砍下敌头带回去，甚至到了汉朝都是这样，卫青、霍去病能封侯，主要是斩首和俘虏多，而李广到死不封侯，也是因为损失的汉军多于斩首、俘虏的匈奴人。

这种制度必然是要杀人的，据梁启超考证，白起指挥军队杀了近百万人。

那秦始皇和秦国值不值得歌颂呢？

值得。

单凭大一统的成就，说什么都不为过吧。

这两种观点都是极端的，但可以同时存在。因为说秦国暴虐是站在个人立场上，要的是小民幸福。说秦国伟大是站在国家、民族的立场上，要的是大国尊严。

立场不同导致结论不同，其实还是“屁股决定脑袋”。

二

那到底怎么评价战争和统一呢？

我找两个观点给大家参考一下。

其一出自《荀子·天论》：“天行有常，不为尧存，不为桀亡。”

意思是世界自有运行的规律，该发生的事情总要发生，不管个人品行优秀的尧帝执政，还是恶贯满盈的夏桀坐江山，都躲不过去。

秦始皇统一六国如此，楚汉争霸战争也是如此，也就是说国内矛盾积累到某种程度，便会产生大规模的战争。等战争消耗了大量人力物力，人民都对战争感到疲乏和恐惧，便会产生严重的厌战情绪，这时候就会产生停战和统一的诉求。

秦始皇当时作为秦王，只不过是顺其潮流，按照时代需求引导了战争的方向，如果时代没有战争或停战统一的诉求，仅凭一两个人，是不可能改变国家命运的。

秦始皇和六国人民阻挡不了统一的潮流，刘邦和项羽也阻挡不了秦末农民起义的进程。

唯一的区别在于，遇上时代潮流蓬勃向前，怎么做才能真正解决问题。

这也是要说的第二个观点。

所谓仁政有两种：一种是为人民的当前利益，是小仁政；另一种是为人民的长远利益，是大仁政。那些目光长远的领袖，一切工作的重点，都是围绕大仁政进行的。

因为小仁政只能解决眼前的苦难，至于几十年后的困难，小仁政是管不了的，只要活着的时候名利到手，足够了。

比如按照小仁政的说法，秦始皇平定六国导致伤亡惨重，不如罢兵言和，七个国家共同过太平日子嘛。反正只要努力种田，不愁没有一口饭吃。

但是我们都知道，小仁政不可能真正解决问题，用不了多久便会旧疾复发。

七国只要共同存在，战争便不可避免，而且经过休养生息，各国都积蓄了充足的国力，一旦再次爆发战争，只会比之前更猛烈，七国人民再次回到暗无天日的岁月。

所以小仁政看起来很美好，其实作用不大。

历来大政治家解决问题，都是从问题的本源处下手，放弃眼前的利益，用几十年的牺牲给未来打基础，才能彻底铲除产生问题的土壤，保证以后再也没有类似的问题出现。

比如秦始皇用十年征战统一中国，基本铲除中国诸侯分裂的土壤，即便以后出现南北朝和五代十国，也是向统一演进的，而不是和春秋战国一样，诸侯间的离心力极大。

这些暂时做出牺牲，却为长远谋划的大仁政，才是真正的仁政。

但是操刀大仁政的时候，必然造成非常大的牺牲，也会得罪无数失去利益的人，而这些人便是大仁政的潜在敌人，他们会在背后抹黑、谩骂和反扑。

为什么秦始皇在誉满天下的同时，却又谤满天下？原因就在这里。

不做事永远可以做好人，只要想做点事情，或多或少都要背锅。

三

对于有血有肉的当代人来说，肯定是小仁政好啊，不管世界烂成什么样，千万别影响我的小日子。可对于后代人来说，最希望前辈能多牺牲一点，好让基础更雄厚些。

小到家庭，大到国家民族，都是这个道理。

世界是平衡的，永远不会厚此薄彼。

你想让后代舒服一点，就要做好努力奋斗的准备，你想自己舒服一点，就要有后代吃苦的心理预期。

平衡才是这个世界的运行规律。

现世安稳的小仁政是规律的阳光面，而牺牲奋斗是规律的阴暗面，不论你歌颂还是谩骂，世界规律永远不会照顾你的感受，它只会无情地运转下去。如果脑洞能接受的话，你把世界当成一台电脑，运行规律当成没有感情的电脑程序，其实也没什么问题。

我们只是渺小的个体，有自己的七情六欲，这都是正常的。但是千万不要太以自我为中心，感觉世界要围着个人转悠，这就太“玻璃心”了。而这种“玻璃心”也是所谓小清新、文青的通病。

毕竟秦始皇是认清世界真相之后，宁愿忍受孤独和不被理解，也要行大仁政的人。而那些文青、儒生，则是自以为高高在上，追求现世安稳和小仁政的人。

他们从根上就不是同类人。

但是我觉得，我们个人不能改变世界，也应该走出自我的小圈子，了解一些残酷的道理。

毕竟认清生活的真相之后依然热爱生活，才是真正的英雄主义。

吴国“圣人”背后的秘密

一

这篇聊一个比较冷门的故事。

说这个故事冷门，是因为发生的年代非常久远，而且记载在史书的冷门篇目里，要是不仔细研究，一般人不会注意到。

但是这个冷门故事，背后却有一条中国历史脉络，值得拿出来说一下。

3000年前的商朝末年，商朝依然如日中天，没有丝毫亡国的迹象，天下诸侯的人生目标，还是做好商朝子民，没事别给朝歌添乱。

周国是一个西陲小国，也没有取而代之的心思，日子过得岁月静好。

那时的周国君主是周太王，生了三个儿子：太伯、仲雍和季历。和大部分年老的父亲一样，周太王特别喜欢小儿子季历，爱屋及乌之下，连季历的儿子姬昌也喜欢得不行。

看到这个名字，熟悉历史的朋友估计明白了，周太王的孙子姬昌，便是后来名震天下的周文王。

可是周太王不可能知道，未来的周国能开创八百年国运，那个粉雕玉琢的孙子，也会成为中国历史上的圣人。

他只是因为喜欢季历，顺便喜欢姬昌，而喜欢姬昌导致他更喜欢季历。

国家传承不是财主家分家当，不能因为周太王喜欢季历和姬昌，便绕过太伯和仲雍，直接把王位传给小儿子一系。

那样的话，嫡长子继承制还要不要？两个儿子会不会有意见？给后世君主留下不好的榜样，造成传位没有章法怎么办？

这些都是很现实的问题。

周太王要一碗水端平，要不然这个家就散了，在家国一体的年代，王族争位意味着国家崩盘。

但是很神奇的事情发生了，太伯和仲雍明白了周太王的心思，决定放弃王位的继承权，跑到南方的蛮夷之地，白手起家，自力更生。

而且为了彻底断绝父亲的念想，兄弟二人“断发文身”，隔空向周太王喊话：哪有文身壮汉继承王位的？您赶紧放弃我们俩，传位给三弟吧。

周太王无奈，只好强忍巨大的悲痛，在去世前立三子季历做接班人，随后才有周文王姬昌、周武王姬发……

这事最神奇的地方在于，一个西陲大国的王位，哥儿俩说放弃就放弃了，根本没有争取一下的意思。周太王稍微流露出自己的心意，他们就直接放弃。

类似于现在市值百亿的大公司，董事长的两个儿子放弃股权和继承权，让亲弟弟继承董事长职位，自己跑去老少边穷地区白手起家。

是不是不可思议？

后来的儒家士大夫们，纷纷写文章夸奖太伯和仲雍，说他们高风亮节，简直是堪比周文王的圣人啊。

这里面肯定有父慈子孝、兄友弟恭的美德，但我们扒开美德的外衣，是不是可以思考一个问题：他们为什么不在乎王位？

其实司马迁已经通过记录历史，给出真正的答案了：太伯之奔荆蛮，自号句吴。荆蛮义之，从而归之千余家，立为吴太伯。

翻译过来就是，太伯和仲雍跑到长三角地区，创立了吴国。当时的长三角是蛮夷的地盘，他们听说兄弟俩让位的高风亮节，感到十分佩服，便有一千多家前来归附，拥立太伯为真正的吴国国王。

这才是高风亮节背后的真相啊。

正因为可以随便创立一个国家，他们才心甘情愿地让出一个国家，反正都是做国王，在哪里做不一样？

无非是强盛的程度不同罢了，但国王仍然是国王。

就像上文举例的百亿集团，两个儿子放弃股权和继承权，跑出去另立门户，看起来是落魄了，但他们可以随时创办一个市值十亿的公司。

那太伯和仲雍为什么能在长三角立国？蛮夷为什么会拥护他们？

司马迁说“蛮夷义之”，也就是蛮夷被他们的美德感动，哭着喊着要给自己找一个国王。

可问题是，有美德的人太多了，不止太伯和仲雍啊，随便在田间地头走一圈，就能见到父慈子孝的感人场面，蛮夷为什么不拥护其他人，偏偏拥护太伯和仲雍呢？

其实原因也简单——太伯和仲雍是周太王的儿子，而周太王是黄帝的 16 世孙、尧舜的大臣后稷之 12 世孙。

换句话说，太伯和仲雍是黄帝的嫡系血脉，正儿八经的名门贵族之后，在黄帝后裔才能做大国诸侯的夏、商、周时代，拥立太伯和仲雍这种黄帝血脉，才能得到中原诸侯的认可，进而加入中原主流文明圈子。

如果蛮夷拥立一个土著做王，那就只能游走在中原文明的边缘地带，将来不是被灭国，就是被奴役，永远不可能有什么大发展。

对于太伯和仲雍让位的事，我们可以这么理解：他们为了成全父亲的心意，便用血统、名声和家族资源另起炉灶，创立了一个次于周国的小国。而长三角蛮夷属于借壳上市，以拥护太伯和仲雍的行动，正式加入中原主流文明圈。

事实上，以后的事情就是这样发展的。

太伯死后，因为没有儿子，便传位给弟弟仲雍，然后又经历了三代吴王,就赶上"武王伐纣"的历史进程。等周武王的事业成功以后，开始大封家族成员为诸侯，拱卫周朝的家国天下。

周武王想起有两个叔爷，当年离家出走，现在不知在哪里，要是找到叔爷后代的话，也算比较亲近的家族成员了。

于是周武王下命令，寻找太伯和仲雍的后代。不久后得到报告，长江附近有个吴国，国王正是仲雍的曾孙。

还说什么呢，准备封你为诸侯，没想到你已经成诸侯了，反倒省事了。

周武王赶紧颁布诏书，以周天子的名义册封吴国为诸侯，正式成为周朝的一部分，而吴王周章的弟弟虞仲，被单独拎出来，专门在山西给他建立了虞国。

经过百年时间，一家人重新在一起啦。

二

现在回头来看“让位”的美德，是不是没那么单纯了？

其实这件事背后的根本原因是，太伯和仲雍有人生的选择权。他们可以选择和周太王硬刚到底夺取王位，也可以选择放弃王位，另起炉灶。他们可以选择做恶人，也可以选择做圣人。

这种选择权，才是圣人和美德的前提。

人都是趋利避害的，既然可以用低成本获取保底收益，又何必孤注一掷，搏一个未知的最高收益？

就像做选择题一样，其中一个选项是 100% 的概率得到 1000 万，另一个是 50% 的概率得到 10 亿。

你会怎么选？

恐怕大部分人会选择 1000 万的保底收益，而不是搏一搏，单车变摩托，赌 10 亿的选项，毕竟有 50% 的概率是一无所获呢。

太伯和仲雍的人生选择，其实就是如此。

那为什么太伯和仲雍做出的人生选择，会让后人交口称赞，甚至被奉为圣人呢？

因为后世的皇家子弟，已经没有选择权了，这种让位的美德几乎成了绝响。

秦始皇统一中国以后，废除分封制度，从根源上杜绝了另立国家的可能，并且派出大军南征北伐，打下前所未有的疆土。

北至长城、南到百越、东抵大海、西临大漠，凡是在当时的交通条件下，中国人能到达的地方，都成了秦国的领土，再加上严格的户籍管理制度，让你想跑都不容易。

从那个时候起，所有人都只能在一个国家生活，“天外有天”只是理论上的说法，在现实中根本不可能实现。

当然了，统一对于中国是好事，我们一定要承认。

但是对于皇族子弟来说，实在不是一件好事，因为天下统一、天外无天，意味着他们失去了人生的选择权。

那些皇族子弟要么一步登天继承皇位，要么跪在兄弟的脚下，做一个顺服的臣民，除此之外再没有第三种选择。

想和太伯、仲雍一样跑路，别开玩笑了，天下都是皇帝的，又能跑到哪里去？

可能刚跑出都城，便作为形迹可疑人员，被人给举报了，到时候被抓回去，就是藐视皇帝的重罪，轻则幽闭终生，重则一杯毒酒了此残生。

要是遇到秦二世胡亥那样的兄弟，不论兄弟的关系多近，全部送上刑场，连全尸都不给留。

既然人生没有选择，皇族子弟就要开始争夺皇位，有能力的拉帮结派，没有能力的选择抱大腿，以便将来有一口饭吃，不至于被关系不好的兄弟杀死。

也就是从那时候起，皇族内部的“兄友弟恭、父慈子孝”，基本成了一句口号，可以骗父亲，也可以骗兄弟，唯独骗不了自己。

他们知道，要么生，要么死，就这么简单。

用时髦的话说，大一统让皇族“内卷”了，而“内卷”的时代就是这么残酷。

把这个逻辑放到其他领域，不也一样吗？

国家在高速发展期，到处是创业公司，每家公司都需要大量人才。只要有能力，你在这家公司做得不开心，马上就能跳槽到另一家公司。

等大浪淘沙的年代过去，市场上的公司结构基本稳定了，而且每家公司的人员结构也稳定了下来，你要是在一家公司已经做到某个职位，再想跳槽就难了。

毕竟一个萝卜一个坑，谁家都不缺人，你又能去哪里？

既然跳槽难，那就只能铆足劲儿向上晋升，几十个人打破头抢一个职位。这种场景和皇族子弟争皇位，又有什么区别？

大家不是不想发扬美德做圣人，实在是环境太残酷。对他们来说，做圣人的代价是死路一条，反倒是做恶人还有一线生机。

比起财富自由，这种人生选择权才是最难得到的。

三

文人喜欢标榜道德，觉得只要自己的道德高尚，世界上什么事情都可以解决，不会存在任何障碍。

如果解决不了，那一定是道德不够高尚，不仅自己需要诚意正心修身齐家，还要教育广大人民读圣贤书，努力提高自己的道德标准。

等所有人都接受王道教育以后，世界就会回到最原始、最美好的上古时代，人们就可以与世无争地安享太平。

这套逻辑曾经在古代中国大行其道，被文人、士大夫们奉为治国纲领。

但他们没有想到更深层次的逻辑。

上古美德有深刻的社会背景，当代的争夺资源，也有不得已的苦衷。想把上古美德生搬硬套在当代现实身上，结果就是缘木求鱼，苦了自己，也害了国家。

一代人有一代人的行为准则，适者才能生存，如果抱着“祖宗之法不可变”的心态闯荡世界，迟早要出大问题。

因为道德和现实是两码事，尊重现实规律才能产生真道德，才能六亿神州尽舜尧。

如果想让虚无的道德缔造沉甸甸的现实世界，那就只能产生满口胡言的假道学先生。

这件事同样没有第三种选择。

太伯和仲雍让位的美德，只能产生于上古那种宽松的时代，正是因为尊重了现实规律，上古才产生了真道德。

那些文人用上古美德教育后世的皇族子弟，又有几个人打心底相信，我应该这么做？凡是照搬书本教条的人，坟头草都有三米高了。

南北朝时宋朝皇帝刘准，9 岁时被权臣萧道成拥立继位，做了两年傀儡皇帝，11 岁时被萧道成的部将逼宫，要求禅位给萧道成。

年幼的刘准说：“愿生生世世不生帝王家。”可谓是字字泣血。随后不到一个月，刘准死于丹阳宫。

这个时候想学圣人让位，已经做不到了。

以前对刘准的临终之言没有太大感觉，认为是末代傀儡皇帝的可怜吐槽，现在读起来，反倒有一种感同身受的意思了。

天下

大千世界纷繁复杂，

如果不明所以，便始终做不到冷眼看世界。

但世界杂乱的表象之下，隐藏着一些不为人知的历史规律。

明白历史规律，也就明白了世界的本质，

进而可以用历史规律解释很多事情。

这个世界从来没有变过。

道统和政统：王朝的两条权力线

一

司马迁在《史记》里讲了两个故事，都很有代表性。

第一个故事来自《晋世家》，说的是晋灵公骄横淫逸，经常在天台上用弹弓射路人，路人躲避不及，晋灵公就笑得合不拢嘴，和地主家的傻儿子一样。

权臣赵盾劝晋灵公好好做个人吧，晋灵公不听，反而请赵盾喝酒，准备让刀斧手在酒席上做掉他。幸亏赵盾遇到帮忙拦住刀斧手的贵人，自己跑路了。赵盾拼命向国境线飞奔，想到国外寻求政治庇护，结果跑到半路，突然传来消息："别跑了，晋灵公死了。"

赵盾不敢相信："咋死的？"

信使告诉他："你弟弟赵穿杀的。"

赵盾松了一口气，这下不用死了，回去继续做执政权臣吧。但是等他回去才发现，晋国史官董狐已经写下五个大字"赵盾弑其君"，并且在朝堂上公布出来。

董狐的做法，相当于让赵盾“社会性死亡”，对于执政权臣来说，这比杀了他都难受。赵盾不甘心受舆论制裁，便在朝堂上说：“晋灵公是赵穿杀的，和我有什么关系？”

董狐怒了：“你是晋国正卿，只要没出国境线，永远是晋国的臣子，现在回来继续执政却不杀赵穿，岂不是和凶手穿一条裤子？”

赵盾无语，这口黑锅算是背上了。

第二个故事来自《齐太公世家》，说的是齐庄公和权臣崔杼的老婆通奸，还顺手拿了崔杼的帽子送给别人，这可缺大德了，相当于明明白白告诉别人：“寡人能进崔杼的卧室，那是谁让我进去的，你们猜？”

崔杼不能忍，请病假不上班。

齐庄公也心大，假意上门慰问下属，实际上想和崔杼的老婆逍遥快活，简直是蹬鼻子上脸了，结果被崔杼的门客围在院里，杀了。对于这种人只能说一个字：该。

崔杼杀了齐庄公，终于和赵盾一样，体会到什么是“社会性死亡”。因为齐国史官也写了五个字——崔杼弑庄公，并且告诉崔杼，我就要这么写，你改不了。

崔杼对史官的宣判非常不满意，一刀砍死史官，找史官的弟弟重新写，结果写出来的还是“崔杼弑庄公”，崔杼再杀，找史官的三弟来写。“史老三”正襟危坐，面对崔杼的大刀，在竹简上写了五个字：崔杼弑庄公。

这下崔杼也无奈，你们是真不怕死啊。

算啦，我认了。

1700 年后，文天祥把两个故事写进《正气歌》，并且凝练成两句诗，“在齐太史简，在晋董狐笔”。可见古代文人对董狐、齐太史的做法非常认同，认为每个有骨气的文人，都应该不畏权贵秉笔直书，用文字引导舆论，对权贵进行审判。

那就有个问题：文人和史官为什么不怕死，权贵为什么对舆论宣判无可奈何?

其实这个问题很简单，文人和权贵的背后，是两条不同的权力体系，文人的背后是道统，权贵的背后是政统。

道统是国家的最高价值观，政统是国家的最高世俗权力。

正因为掌握了国家最高价值观的解释权，文人史官才敢理直气壮地说，权贵是粪土。而权贵要是敢越界篡改历史，绝对要被其他文人口诛笔伐，即便骂不死你，也能把你气出高血压。

当然，董狐和齐太史的年代，并不知道什么是道统，他们只知道自己作为史官，拥有“礼制”等价值观的解释权，可以褒贬权臣，写什么就是什么。直到晚唐的时候，韩愈在《原道》里提出“道统”的概念，并且给中国道统写下家谱，也就是尧、舜、禹、汤到周文王、周武王、周公，最后传到孔孟之手，核心就是仁义道德。

韩愈其实是把中国数千年秘而不宣的东西，全部提炼到儒家的框架里，然后把中国的仁人志士都囊括进来，彻底意识形态化。

董狐、齐太史、司马迁，自然是中国道统的一部分。

到了宋朝，朱熹在韩愈的基础上进一步拓展，把中国道统的源头上溯到伏羲和炎黄，并且让程朱理学接了孟子的班，成为中国道统的正宗。

从此以后，一条文化传承脉络就固定下来了。

中国文人只要承认“仁义道德”，就是认可了中国道统，而道统也赋予他们价值观的解释权，可以撑天撑地撑皇帝，却不用承担任何责任。

这种权力够不够大？

二

中国的道统和政统，也就是价值观的解释权和国家政权，原本是合二为一的。

上古的三皇五帝、尧、舜、禹、汤到周公，既是最高统治者，也是世俗社会的道德圣人，他们说什么就是什么，可谓是言出法随，基本没人能对他们说三道四。

到了春秋战国的时候，礼乐崩坏，国家的统治者只顾打仗占地盘，再也不能承载圣人的光环。于是道统从国家政权中分离出来，流落到民间文人的手里，具体来说就是孔孟，以及继承孔孟的儒家文人。

是的，儒家文人才是道统的继承人，才有国家最高价值观的解释权，农民、工人、商人和皇帝都没资格参与这件事。哪怕你富可敌国，哪怕你权倾天下，也只能在国家政权里谋生，属于政统的权力体系，道统和话语权是万万不能染指的。

这也是为什么中国文人不在乎穷富，甚至标榜什么君子固穷。

因为有一套根深蒂固的权力体系，作为他们的精神家园，在这一亩三分地里，文人就是没有加冕的土皇帝，最可怕的是，国家政权默认了文人的独特地位。

文人们即便不停往家里捞钱，也能理直气壮地说，我对钱没有兴趣，我从来没碰过钱。哪怕是穷得叮当响的酸秀才，照样可以鄙视坐拥万亩良田的土豪。是啊，我骂你就是代表圣人审判你，写一篇文章就让你遗臭万年，你能奈何？

有资本就能挺直腰杆，不害怕就能理直气壮。所谓文人风骨，其实都是这么来的。

由于道统在手，古代文人有一种天然的道德优势，他们可以隐居乡野，不参与国家建设，但能议论国家大事，甚至为民请命，做一个没有实权的山中宰相。他们也可以入仕做官，要求国家和人民，按照儒家的价值观来做事，一旦越过红线，文人们就能批评监督。

这就有了两个结果。

其一是儒家文人高高在上，终极理想是做帝王师，用天然的价值观解释权，指挥帝王处理国家政务，间接让国家按照他们的意志运转。

其二是道统有权监督政统，也就是儒家文人可以监督、批评政府。在这种语境里，骂政府和权贵就是政治正确。

比如白居易说“文章合为时而著，歌诗合为事而作”，然后写了32首乐府诗，把大唐全方位无死角地喷了一遍。那首“可怜身上衣正单，心忧炭贱愿天寒”的《卖炭翁》，就是白居易的代表作。

白居易当然是为人民说话，但反过来看，不也正是用道统批评政府吗？谁敢说白居易做得不对？

可如果政府做了好事，绝大部分文人不会歌功颂德，而且要挑毛病说做得不够好，哪里还需要改正等。要是哪个文人给政府唱赞歌，虽然其他人嘴上不说什么，估计心里就要鄙视了：原来是六扇门里的朝廷鹰犬啊。

归根结底，政统掌握国家的世俗权力，负责国家的日常工作；道统掌握国家的隐性权力，属于精神上的制衡，让权贵们有所顾忌。

两条权力线对立却统一。

三

自从春秋战国以后，道统和政统从来没有真正融洽过。因为儒家文人想做帝王师，用价值观的解释权领导国家进程，而皇帝和国家政权却想压服文人，让他们做皇权的驯顺工具。

举个典型的例子。

历代王朝初期，开国君臣从尸山血海里走出来，具有天然的权威，能把儒家文人收拾得服服帖帖。此时的国家政权非常稳固，皇帝说什么是什么，反对的声音也有，不过没什么用，开国皇帝用一根小指头，就能打倒儒家文人。

但是国家政权稳固的背后，便是文艺凋敝，包括绘画、诗歌、文学以及哲学思想等，都没有能拿得出手的传世之作。大家仔细想想，汉初、宋初、明初有什么非常优秀的文艺作品吗？哪怕是唐诗，贞观年间有不少优秀作品，可是和李隆基的盛唐相比，恐怕也要逊色不少。

原因就在于政统压服道统，儒家文人的腰杆子被打折了，再也没有撑天撑地的资本，也就创作不出优秀的作品。

而在王朝中后期，则是道统压服政统。

因为在和平年代，开国君臣逐渐凋零，国家政权的战争权威也在褪色，而文人用知识做敲门砖，进入国家政权做官，逐渐替代了国家的“天然股东”。此消彼长，可不是儒家文人的话语权大了嘛，那些“仁义道德”的价值观，又能用来领导皇帝和国家政权了。

正是从王朝中后期开始，传世的诗歌、文学和绘画，都从全国各地冒出来了。其中部分原因是经济复苏，人民对文艺作品的需求增长，另一部分原因便是儒家文人没有制衡，开始放飞自我了。

文艺这个东西，非常讲究精神状态。乞丐写不出优秀的小说，忙禄的打工者没心思听音乐会，只有衣食无忧的富家子弟，才有闲工夫研究艺术。大家可以看看周围搞艺术的人，几乎没有穷人家的孩子。

国家进程和个人命运，其实都一样。

而且硬骨头的名臣、谏臣，往往出现在王朝中后期，尤其是以“文人风骨”著称的明朝，海瑞、杨涟等硬骨头比比皆是，背后的逻辑便是道统逐渐占了上风。

要是在朱元璋的时代，海瑞有十个脑袋都不够砍，估计刚出道就结束了。

到了王朝崩塌的乱世，文人彻底放飞自我，没人管了。乱世丰富的素材，再加上宽松的环境，文人可以自由创作。比如春秋战国的诸子百家、魏晋南北朝的王谢风流、宋朝的与士大夫共治天下，这些时期都可以号称黄金年代。

总之政统压服道统的时候，国家强盛，万国来朝，人民的生活有安全感，代价就是活得不轻松。道统压服政统的时候，人民活得轻松了，却要面临阶级固化和剥削，而且国家也在走下坡路，说不定什么时候乱世就来了。

这就是硬币的正反面，不管怎么选，都有利有弊。

重农抑商的本质

一

先来说重农。

“百代皆行秦政法”，就是说中国的政治基因，很多来自两千多年前的秦国。而秦国崛起又是从商鞅变法开始的，所以很多事情都要从商鞅变法里找原因。

商鞅变法的核心之一，便是重农抑商。

商鞅的原话是：“国之所以兴者，农战也。”

倒不是商鞅有意贬低商业，他的意思基于商业除了倒卖农产品赚取利润以外，并不能给国家生产任何东西。

换句话说，商鞅的重农抑商是保护生产项目，打击不从事生产、专门食利的行业。

这也是重农抑商的本质。

所以商鞅给了农民很多优惠政策，比如“僇力本业，耕织致粟帛多者，复其身”“使民以粟出官爵”等。这些政策的意思就是，农民开垦荒田多导致产出粮食多，可以免税或者免除徭役，如果粮食多得吃不完，还能卖给国家换官职爵位。

只要努力劳动生产，就有这么多好处，谁不抢着干?

所以秦国的农业生产水平，一年比一年高，到了秦始皇时期，秦国境内到处是万石粮仓，甚至在咸阳有一座囤粮十万石的粮仓，由此可见秦国的生产力多么发达。

几十年后的司马迁都说了，秦富天下十倍。

这一切成绩，都是商鞅重视农业、保护生产的结果，如果不在政策上倾向生产性质的农业，任由农民跑去倒卖商品，秦国怎么可能富裕？毕竟商业的本质不是生产，而是流通。你都没有生产的东西，能流通什么?

而重农和国家财政强相关。

农业是有固定生产资料的，也就是在固定的土地上劳动，土地又归国家管理，在没有权贵大地主的时候，国家可以直接收税，非常方便。即便农民不想交税，又能跑到哪里去？生产资料在这里，跑得了和尚跑不了庙。

商人就不一样了，他们没有固定的生产资料，对国家不满意的话，收拾家当就跑到其他国家去了，秦国还能跨国执法不成?

资本没有祖国，说的就是没有固定生产资料的资本，逃离非常容易，无非是换个“总部”的事，能费多大劲儿?

既然资本可以随时逃离秦国，那秦国的财政收入怎么保证？当然很多商人是爱国的，但国家不能把财政收入寄托在虚无缥缈的人性上，相信商人是爱国的，也必须要有强硬的反制措施，让商人不得不爱国，才是一条正路。

这也是商鞅重农的逻辑。

然后再来说抑商。

前些年有一种说法，中国几千年重农抑商，扼杀了资本主义萌芽，古代政治家纯粹脑子短路了。

其实这种说法是不对的。

古代中国肯定要重农，抑商却不是彻底打击商人，不允许存在任何商业活动。事实上，商业作为人类的正常行为，根本不可能彻底禁止。

中国的国土面积广大，每个地方都有固定的产品，比如四川产竹子、山西出小米、河北有好马等。但是每个地方的人，都不可能一辈子靠山吃山，靠水吃水。四川军队需要马匹，河北和山西有时候也需要竹子，对吧。

这也从侧面证明，市场是一定存在的。

那么负责货物交流的人，就是商人。哪怕商鞅变法是重农抑商，也必须保证商品流通啊，要不然整个国家就垮了。

司马迁在《史记 · 货殖列传》里说："海内为一，开关梁，弛山泽之禁，是以富商大贾周流天下，交易之物莫不通，得其所欲……"而且商鞅自己都说了："农、官、商三者，国之常食官也。农辟地，商致物，官法民。"也就是说，农民负责种田，商人负责流通商品，政府负责管理农商。

商鞅是冷酷的政治家，到底该如何治理国家，商鞅门儿清。

所以抑商不是彻底禁止商业，而是把不事生产的商业资本压缩到可控的范围内，只要能做到商品流通就行，让商业资本不至于坐大以后和朝廷分庭抗礼。

抑商的本质就是抓大放小。

那些富可敌国的豪商，一定要用行政力量打下去，或者拆分成零散的小型商业资本。至于原本就是小商，风吹日晒赚些辛苦钱的，国家完全可以高抬贵手放一马，甚至在国家急需用钱和物资的时候，还能顺手扶持一把。

这些容易控制又能办实事的小商人，才是国家的心头好。

这是抑商的逻辑。

二

自从商鞅确定重农抑商的原则之后，重农抑商就成为中国的固定国策，经过两千多年的延续，已经是刻在骨子里的东西了。中国历代政治家都是人精，当然明白重农抑商对于国家来说，是一项非常好的政策。

重农自然不必说，民以食为天嘛，没有了农业，万事都要抓瞎。而抑豪商，除了商人不事生产以外，背后还有这么几个原因。

其一是豪商和国家争夺劳动力。

古代中国的劳动力主要是农民，他们负责国家唯一的生产项目，可以说农民的数量，是保证国家长治久安的根本。当豪商不用辛苦劳动，就能发家致富、花天酒地的时候，自然给从事生产的农民造成影响。

“这哥们儿耍耍嘴皮子，就能赚到我八辈子都赚不到的钱，不公平啊，干脆我也不种地了，做生意去。”

当然，豪商能做大做强，有很多原因，天时地利人和缺一不可，农民扔下锄头去做生意，未必能有什么成就。

但榜样的力量是无穷的，如果越来越多的农民不种地了，学习豪商去做生意，那么田地荒芜是必然的结果。

这样一来，国家直接掌控的人口便少了，以农业税为主的财政收入也少了，最重要的是整个国家生产的东西少了。

越来越多的人不从事生产，说明物质财富总量没有增长，而不从事生产、专门左手倒右手的豪商却越赚越多，意味着豪商完成了财富转移，导致国家出现严重的贫富分化。

每个精明的政治家都知道，民不患寡而患不均，一旦出现严重的贫富分化，国家就要乱了。

这种事国家能忍?

贫富分化又直接引出国家抑豪商的第二个原因——盘剥小民转嫁矛盾。

一旦豪商坐大，账户里有了海量的资金，当时又没有可以持续扩大生产的工业，唯一的流向只能是兼并土地，把资本锁死在土地上。于是占田几万甚至几十万亩的商业地主，在全国遍地开花。他们在商业的细分领域垄断之后，又不自觉地联合起来，垄断了国家的土地资源。

从此以后，豪商们便成了坐地虎。

他们可以随心所欲地抬高田租，而不必担心佃户不租，毕竟全国到处都是大地主，你还能跑到哪里去？在哪里都一样嘛。

佃户也没办法，只能忍受着高田租，辛苦工作一整年，不仅没挣到什么钱，反而要倒贴豪商一大笔，这日子就没法过了。这些佃户的典型代表就是杨白劳同志。

而且豪商们在商业领域，也可以利用优势地位，盘剥下游的小商人，比如压低收货价格、垄断原材料提高成本之类的，总之就是两头吃。不仅要赚成本的钱，还要赚倒卖的钱。最后吃亏的，就是国家甚为倚重的小商人。

齐国的管仲把这种事叫作一国两君，意思就是小民要给国家交税服役，还得再受一次豪商的盘剥，你体会一下这里边的意思。

佃户和小商吃亏之后，虽然也在背后骂豪商不做人事，但是在潜意识里，他们最怨恨的还是国家。

中国是大一统国家，出了这种豪商欺负人的事，凭什么不管？结果就是豪商得到全部利益，造成的所有伤害由国家来背锅。

那国家也要说了，凭啥？

豪商敢杀人，我就敢诛心。

而在贫富分化和转嫁矛盾以后，豪商会形成新的权力中心，这也是国家抑豪商的第三个原因。

因为在这个时候，农民和小商对国家非常不满意，把一腔怨气都撒在国家头上，要不盼着改朝换代，要不想新君登基大赦天下，要不就希望有青天大老爷出来拯救黎民。总而言之，民心思变。

而那些遍布全国的豪商，便和官僚、贵族勾结在一起，组成国家体制外的新权力中心，并且利用手里的资源进行投机活动。

谁让豪商们有钱呢？做什么事情都少不了钱袋子的支持啊。

于是生猛如吕不韦，直接投资了秦国公子异人，用钱开路，帮他成为秦国太子安国君的嫡子。等异人登上秦王宝座以后，吕不韦一步登天，做到秦国丞相。如果不是礼乐崩坏的战国乱世，吕不韦这样的人，怎么可能做丞相？做梦去吧。

到了汉末刘备起兵的时候，马上得到中山豪商张世平、苏双投资的千金和宝马，入主徐州以后，得到徐州豪商糜氏家族的投资，并且迎娶了糜家的女儿做夫人，完成利益捆绑。

所以当豪商和政治结合在一起的时候，贫富分化只会更严重，转移矛盾只会更隐蔽，最终就是豪商掏空国家，人民和国家一起堕入万丈深渊。

你说，豪商能不被抑吗？

最关键的是，豪商赚钱的市场，原本就是国家的。

要知道，形成市场的必要条件是大量的人口、畅通的运输道路、完善的基础设施、高效率的政府，以及太平的国家环境。缺少任何一个，市场就建立不起来。

正是国家年复一年地投入资金和人力，才逐渐搭建起市场的架子，让商人在这个市场里互通有无，满足人民的生活需求。现在豪商垄断了市场，虽然也会给国家上缴赋税，但是和利润相比，赋税只是九牛一毛，大部分钱都进了豪商的私人账户。

那么皇帝就要想了："你们拿两百万，朕分一百万，还要朕感谢你们吗？鄢懋卿，冒青烟。"

这是国家的初衷吗？当然不是，自己搭建起来的市场却不能挣大钱，换作你站在国家的位置，怎么可能甘心？

这也是国家抑豪商的第四个原因：豪商和国家争夺市场。

于是汉武帝之后的皇帝，便会搞盐铁官营，亲自和豪商们争夺市场。此外还要规定商人不能穿绫罗绸缎，并且在意识形态上贬低商人的人格。

为国家做买卖的商人，不是真的商人，那是官员。只有私人性质的豪商，才是"重农抑商"里的商。

毕竟国家在市场里赚的钱，还是属于国家的，想怎么用就怎么用，不仅可以继续投资基础设施建设，扩大市场规模，还能打造军备，保家卫国。这种事，豪商是不可能做的。

所以自汉朝起，盐铁官营便成为国家的重要政策，虽然偶尔要废掉官营让利于民，但每到国家财政紧张的时候，盐铁官营就成为必然的选择。

三

“重农抑商”的国策，对于古代中国的长治久安，其实是有大功的。

国家只有重视生产积累，才能不断向前走，什么时候以食利为生，就会制造一个巨大的泡沫，迟早把国家和人民都给吞没了。

可惜两千年来，无数豪商不懂这个道理，前赴后继地走向没落，迎来衰败凋敝的结局。后来的豪商依然不吸取教训，继续在这条路上狂奔，直到最后，已经悔之晚矣。

正所谓“秦人不暇自哀，而后人哀之。后人哀之而不鉴之，亦使后人而复哀后人也”。

为什么说推恩令是中国古代第一阳谋？

一

推恩令是中国汉朝的一项政策。

刘邦称帝建立汉朝的时候，由于八年战争造成的历史原因，分封韩信、彭越等人为异姓诸侯王，虽然刘邦是汉朝皇帝，但论实际地位，其实就是诸侯总盟主。

接下来的八年时间，追随刘邦打江山的诸侯不断叛乱，已经黄土埋到脖子的刘邦，一直奔波在平叛的路上。经过多年血战，刘邦基本平定叛乱，并且，封刘家的兄弟子侄为诸侯王，镇守地方。

异姓王国，变成了同姓王国。

汉朝江山有了家族同盟军，基本没有改朝换代的危险了。那些老同志和功臣，面对遍布天下的刘家王爷，根本没有抗衡的实力。但是对于长安的皇帝来说，同姓诸侯王可以保卫汉朝江山，也能带兵入长安夺取皇位，哪怕他们对皇位不感兴趣，只想做一个拥兵自重的王爷，皇帝也对他们没办法。

“寡人是高皇帝亲自册封的，而且有兵有钱，你能怎样？”

如何削弱诸侯王国，保证朝廷能指挥地方，汉朝君臣思考了几十年。

公元前 174 年，淮南王刘长叛乱失败，天才少年贾谊给汉文帝写了一道《治安策》，分析了削藩的方法：

> 欲天下之治安，莫若众建诸侯而少其力。……割地定制，令齐、赵、楚各为若干国，使悼惠王、幽王、元王之子孙毕以次各受祖之分地，地尽而止，及燕、梁它国皆然。……地制壹定，宗室子孙莫虑不王，下无倍畔之心，上无诛伐之志，故天下咸知陛下之仁。

贾谊的意思很明白，刘姓诸侯王的国土非常大，但是每个诸侯王都有很多儿子，对吧？那么当诸侯王去世之后，可以由皇帝做主，把世袭封地平分给诸侯王的子孙。这样一来，非常大的国家就被拆分成几个小国，单独拎出一个来，根本没有能力和朝廷对抗。

皇帝也别担心推行不下去，只要把推恩子孙作为固定政策，诸侯王的子孙一定会拥护的。

因为以前只有嫡长子能继承完整的封地，其他儿子都是没有继承权的，什么时候老父亲死了，吃穿用度都要看大哥的脸色，堂堂刘姓血脉，论地位，可能连大哥的宠臣都不如，要多憋屈有多憋屈。

现在皇帝下达推恩的政策，也就给了其他儿子继承封地的机会，谁不想做一个真正的土皇帝呢？

然而汉文帝看完《治安策》，轻轻放到一边，没有立即发布推恩的命令。原因很简单，这是一道阳谋，目的便是拆分强大的诸侯国，诸侯王怎么可能看不出来？现在地方封国的势力强大，发现朝廷要割肉放血，还不起来造反？不推恩能勉强保持现状，一旦推恩，天下立刻大乱。

汉文帝只能悄悄地做，却不能明目张胆地说出来，而只要不是固定政策，这就是临时处理方式，不至于让诸侯国反感。

直到公元前 127 年，主父偃给汉武帝上书：

> 今诸侯子弟或十数，而嫡嗣代立，余虽骨肉，无尺寸地封，则仁孝之道不宣。愿陛下令诸侯得推恩分子弟，以地侯之。彼人人喜得所愿，上以德施，实分其国，不削而稍弱矣。

主父偃和贾谊的意思一样，都是拆分诸侯国的土地，满足诸侯王其他儿子的欲望，同时达到朝廷集权的目的。

汉朝进入汉武帝时代，经过数十年的实力积累，并且派卫青、霍去病北伐匈奴成功，朝廷的权威空前强大，有了正式削藩的能力。而诸侯国经过七国之乱和数十年的打压，实力削弱得非常厉害。

于是汉武帝正式发布诏书："诸侯王或欲推私恩分子弟邑者，令各条上，朕且临定其号名。"意思就是：如果诸侯王想平均分配遗产，就赶紧报上来吧，朕一定满足你们。一家人要永远在一起嘛，千万别客气。

推恩令，正式出台。

二

仔细研究一下推恩令，就能发现背后的逻辑。

首先是扩大政治基础。

在这个世界上，单枪匹马的英雄永远不是最后赢家，以武力称雄的霸主一定会被武力反噬。因为政治是王道，满足大多数人的利益，才能得到大多数人的拥护，而得到大多数人的拥护，才能成为最后的赢家。

那些孤家寡人看起来不可一世，其实就是无根的浮萍，稍微有一点风吹草动，就会迅速崩溃。

比如五代十国的节度使们，今天拥兵数十万，攻入皇宫登基称帝，明天就有可能遇到部下兵变，皇位还没坐热乎，就上了断头台。赵匡胤从将领到皇帝，才用了几天？

原因就在于，他们的政治基础是军队，除此之外，没有任何力量支持这个政权，一旦军队反水，所谓的皇帝也就没有可以借助的力量。这样的政治基础太薄弱了。

在推恩令发布之前，汉朝皇帝在诸侯国的政治基础，也谈不上多么雄厚。

毕竟在诸侯国的土地上，王才是真正的君主，这块土地是人家的世袭遗产，所有人都是王的臣民。用西方的话说，附庸的附庸，不是我的附庸。诸侯国的臣民和皇帝之间，隔着一座大山，在精神上完全没有交集嘛。

但是推恩令发布以后，诸侯王数量庞大的儿子们，为了得到土地和王位，本能地站在皇帝周围，掉转枪口反对自己的老父亲：如果不给我分地，儿子就要造您老人家的反啦。

于是，皇帝在诸侯国有了盟友，扩大了政治基础，真正实现把自己人搞得多多的。

放大到全国层面，就是国家政权多了一个支柱。

其次是釜底抽薪，挖敌人的墙脚。

原本除了嫡长子以外，诸侯王的其他儿子们都是“小透明”，只能团结在大哥的周围，做些力所能及的小事，给大哥的事业添砖加瓦。如果大哥不喜欢某个弟弟，一辈子不给他分配工作也没人管。

现在朝廷发布推恩令，相当于给了他们造反的权力。诸侯王要是不服，儿子们便可以借朝廷的威力，甚至和朝廷里应外合，把独占权力的诸侯王拉下马，再踩上一万脚。

给诸侯王树立了反对派，相当于挖了诸侯王的墙脚，也就实现了把敌人搞得少少的。

最重要的是，所有人都没法拒绝推恩令。

汉朝以孝治天下，背后的根本目的是家庭和谐，只有数百万家庭都和谐了，由家庭组成的国家才能和谐。

推恩令的底层逻辑也是孝道，主父偃都说了，骨肉无尺寸地封，则仁孝之道不宣。如果诸侯王敢反对推恩令，便是不关心儿子或者兄弟的死活，其他庶子反对推恩令，就是专门破坏和谐家庭。

这些都是违背汉朝治国基本法的，到底是多大的罪名，各位都心里有数吧？其背后的根本逻辑，便是国家成立、发展、延续的法理依据。

你说，谁能拒绝推恩令？

于是在推恩令发布不久，效果就出来了。

汉武帝的哥哥河间王刘德，已经去世 4 年，留下 17 个儿子，除了嫡长子刘不害继位以外，其他儿子都碌碌无为。公元前 126 年到前 125 年，汉武帝心疼侄子们，陆续封了 11 人为侯，让他们有一块封地和收入，保留皇家的体面和尊严。于是，以前占地广大的河间王国，被拆分成零零碎碎的12个国家。

那11个侯国，其实分别就是一个县的规模，造反是不敢想象的，而且这些诸侯王还要对汉武帝感激涕零。这些侯国再向下分封，子孙后代的地盘就更小了。

汉武帝的另一个哥哥是中山靖王刘胜，此人有120多个儿子，因推恩令得到封地的有20多个儿子，一路封到260年后，中山靖王的一个后代在涿郡卖草鞋，此后为复兴汉室江山奋斗大半辈子，那个人叫作刘备。

抽你一个耳光，你还得说谢谢，推恩令就是这么豪横。

三

推恩令绝不是简单的削藩政策，而是放之四海而皆准的阳谋，也可以说是成功方法论。

按照这个逻辑类推，凡是满足大多数人的利益、不断扩大政治基础、把自己人搞得多多的之类行为，其实都是翻版的推恩令，无非名称不同而已。

总而言之，团结一切可以团结的力量。

汉武帝只是满足了诸侯王子弟的利益，政治基础就足够雄厚了。

我们按照这个方法论去做事，团结一切可以团结的力量，也可以起到同样的效果。升职加薪、事业有成只是入门标配，用得好，说不定能改变命运呢。

六国是如何看待秦国统一的？

一

要说中国古典文学中最激动人心的故事，“反抗”肯定是其中之一，四大名著中几乎都有“反抗”的内容。

比如《水浒传》最精彩的前半段，不堪忍受黑暗世道的豪杰们，聚义梁山，武装反抗赵官家。《西游记》里的孙悟空，直接说“皇帝轮流做，明年到我家”，并且威胁天上的神仙，要是不让天宫，定要搅得永不清平。

如果要给“反抗”一个具体标准，应该是弱者不屈服于强者的淫威，或者不甘心命运的不公，而以一己之力逆天改命的行为。

简直太热血了。

从这个标准来说，孙悟空和梁山好汉是个人反抗世道，中国近代的不屈抗争是弱国反抗强权，那些寒门贵子的成功也是个人对命运的逆袭。

这篇就来聊一下反抗的话题，我准备从荆轲刺秦王说起。

二

按照我们经常用的叙事角度，秦始皇灭六国是正义战争，毕竟天下统一以后，广大人民可以安享太平岁月。

颁布“书同文”“车同轨”的法令，打造出统一国家的雏形，日后不管怎么分裂，大家有共同的文化背景，终究可以重新统一起来，不至于和欧洲一样碎成渣渣，直到 21 世纪都闹腾不休。

站在上帝视角来看，秦始皇做得对。

但我们可以换一个角度来思考，两千多年前的六国人民，愿意接受秦始皇强加的正义吗？

换位思考一下，答案很悲摧：不愿意。

六国独立生存了数百年，每个国家都有自己的文字和制度，虽然朝廷对人民未必温柔似水，但这个国家，毕竟是“生我养我的祖国”。

秦国想统一天下，六国为什么要灭国，成全秦国的梦想？秦国说自己是正义的，为了历史的车轮滚滚向前而战，那六国也要问了，你的正义是谁规定的？难道你的正义必须建立在别人的坟墓上？

六国人民没有上帝视角，不可能知道“大一统”会成为中国古代王朝的主流，也不明白十几种文字对中国有什么危害，他们只知道秦国要灭六国，那他们一定要为了自己的国家而战。

所以在秦国兵临易水的时候，燕国太子丹非常着急，再加上和秦王的关系也不好，便去请教老师鞠武。

鞠武告诉太子丹，不如派人去其他五国做外交工作，然后联系北方的匈奴，只有结成牢固的联盟，才能抵御秦国的攻击。

这个意见不新鲜，说白了就是合纵。

太子丹也知道，合纵要是有用的话，秦国怎么可能展开灭国大战？于是太子丹对鞠武说，这个办法耗时太长，而且未必能起作用，毕竟弱国无外交。

鞠武劝不动太子丹，便向他介绍了田先生，说田先生是燕国的智谋高人，不如一起谋划。田先生觉得自己年老体衰，便给他介绍了荆轲，表示荆轲可以谋划国事。

诡异的命运线，就这样让太子丹和荆轲勾搭上了。

太子丹向荆轲说出自己的计划："燕国弱小，以举国之力也不能抵挡秦国，唯一能保住国家的办法，就是派勇士去秦国，向秦王献上厚礼，趁机劫持秦王，逼他退还侵略诸侯的国土，如果秦王拒绝，那就一刀杀了。到那个时候，首都出了乱子，秦国大将却领重兵在外，国家必然不稳定，诸侯国趁机合纵攻秦，说不定能有一线生机。"

这就是太子丹的主意。

平心而论，他的想法有一定道理，国家之间的正面对抗，燕国根本没有胜算，用一些旁门左道的手段，说不定可以多活一段时间。虽然不能解决根本问题，却是山穷水尽时拯救国家的唯一办法。

为了这个计划，很多人死了。

第一个是田先生。

太子丹说了一句："这是国之大事，希望田先生不要说出去。"他觉得太子丹不信任自己，便自刎而死，希望以死明志，让太子丹相信自己的人格。

第二个是将军樊於期。

因为秦王用赏千金、封万户的回报，悬赏樊於期的人头。荆轲觉得想见到秦王，必须有打动他的东西，樊於期的人头，就是最好的见面礼。

太子丹不忍心杀樊於期，荆轲就私下去见樊於期，好说歹说，劝他自杀成仁。樊於期为了报太子丹的恩，也为了报秦王杀自己全家的仇，自杀了，人头被荆轲打包装好。

还有普通人。

太子丹买到徐夫人匕首，并且让人抹上毒药，找了一些普通人试验匕首，结果稍微沾上血，人就中毒而死，可想而知匕首上的剧毒多厉害。

这些人，有的是自愿而死，有的是被逼无奈死的，但他们都在用死来成全荆轲。

荆轲背负着众人的希望，出发了。

易水河畔，太子丹和宾客白衣如雪，高渐离和荆轲击筑高歌，所有人都“瞋目，发尽上指冠”。只有悲愤到极点，人才会出现怒发冲冠的样子，而易水河畔人们的瞋目、发指冠，代表着六国人民对秦国的仇恨。

荆轲登车而去，一路不回头。

三

早年间张艺谋拍过一部《英雄》，说的也是刺秦的故事。

剑客无名带着长空和飞雪的信任，千辛万苦走到秦王十步之内，却被残剑的天下观感染，和要灭他们国家的秦王心意相通，最终放弃刺杀大计，为了天下自愿赴死。

事实上，除了去秦国做官的李斯等人，你翻遍史书，也看不到六国人民和秦王一条心，他们不愿意为了秦国的统一大业，而心甘情愿地献出一条命。即便要献，他们也只会为自己的国家牺牲。

对于他们而言，秦国是侵略者、敌人，为秦国献身，脑子坏了吧？

荆轲的脑子没坏，没有和无名一样放弃刺秦。

他在咸阳献图的时候，夺匕、拉袖、刺杀，一气呵成，丝毫没有犹豫。秦王躲开匕首绕柱子跑，惶惶如丧家之犬。大臣都蒙了，而且手无寸铁，不知怎么才能救秦王，只好大喊“王负剑”，秦王才反应过来，抽出长剑砍断荆轲的左腿。

此时的荆轲已经废了，但是秦王“复击轲，轲被八创”，意思是秦王又砍了荆轲七剑，总共有八处伤口。

短短七个字，你仿佛能看到一个气急败坏、面目狰狞的秦王，以及视死如归的荆轲。原因就是六国人民对秦王灭国的恨，还有秦王对六国人民螳臂当车的恨。

随后秦王大怒，发兵灭燕国。

燕王想消除秦王的怒气，杀了太子丹送人头给秦王，照样没保住国家，落得身死族灭的下场。贾谊在《过秦论》里笑话这些诸侯，“争割地而赂秦”，沦为千古笑柄。

从这个结果来看太子丹的刺秦计划，其实也可以理解了。

反正在战场上打不过秦军，还不如在灭国前铤而走险，让秦王看看，不是天下人都愿意顺从秦国，我们只要有一口气在，就会用一腔热血喷你一脸。

为了生我养我的祖国而反抗，有什么错？

再过几年，秦国完成统一大业，秦王也成了秦始皇。他爱惜高渐离的击筑手艺，便让高渐离留在身边，专门给他服务。

一般来说，天下都统一了，大家可以安稳过日子了，以前的家国仇恨都可以放下了吧？

然而并没有。

高渐离利用职务之便，举起乐器扑向秦始皇，想把他砸死，其实还是在延续荆轲的事业，给六国人民报灭国之仇。杀了高渐离以后，秦始皇“终身不复近诸侯之人”。

其实我们可以换种方式来理解，原本秦始皇还有一些普通人的悲欢离合，经过一连串的反抗和刺杀以后，他再也没有个人感情了，那具肉体里只留下冷酷的帝王心术。

所以在博浪沙遇到张良刺杀的时候，惊魂未定的秦始皇一点都不客气，命令天下搜捕十天，把皇帝的权力用到极致。

但是又能怨谁呢？

秦始皇的雄心壮志在灭国大战里，六国人民的家国情感，被灭国大战摧毁得一干二净。

他们不反抗，还是有血有肉的人吗？

四

统一天下的秦始皇，其实也挺残暴的，不管他对中国的功劳有多大，这点确实没法洗白。

早在灭国大战的时候，每攻破一个国家，那个国家的宫殿样图就被送到咸阳，秦始皇让人在咸阳北阪重新建造，并且让那个国家的王妃夫人什么的，全部住进去。

这不是简单花点钱的事，而是为了满足征服天下的欲望。

项羽说过，富贵不回乡，犹如锦衣夜行。

毕竟是成功人士嘛，可以理解，但秦始皇的其他事情，就不能理解了。

他喜欢巡游四方，有一年到了泗水河边，想把落水的周朝大鼎给取出来，就命令一千多人下水找鼎。那年头没有潜水服，也没有氧气管和护目镜，一千多人裸体摸到河床上找鼎，黑压压的什么都看不见，可想而知得死掉多少人。

可问题是，捞鼎是秦始皇的个人意愿，和抵御外侮是两码事啊。您把个人意愿强加在人民的头上，还给扣上个大帽子，不合适吧。

没过多久，秦始皇到了衡山郡和南郡，这两个地方在湖北一带，秦始皇要坐船过江，突然遇到大风，船都差点翻了。于是秦始皇大怒，命令三千人到江边的湘山砍树，直到砍光为止，导致湘山变成光秃秃的一片。

这是为什么？

因为秦始皇觉得差点翻船，是山上的湘神在嘲弄他，所以要用皇帝的权威，彻底抹掉神鬼的生存土壤。

"我是皇帝，天下都在我的脚下，怕啥。"

后来秦始皇越来越喜欢大工程，觉得咸阳城里的皇宫太小，便命令修建一座巨大的宫殿。

按照设计好的图样，前殿阿房宫就能容纳一万多人，出了阿房宫可以直接到终南山，并且以终南山为宫殿的门阙。

要修建这么大一座宫殿，秦始皇派了 70 万人，而当时全国只有 2000 万人口。按照这个比例来算，相当于现在的 5000 万人集体脱产劳动，还不是为了修水库、开荒田等国家工程，而是为了满足秦始皇的个人喜好。

其实归根结底，秦始皇对自己的权威太自信，作为首个大一统王朝的皇帝，他根本不知道力量的边界在哪里，所以就做了一系列不能为人理解的大事。

后世文人送给秦始皇一个暴虐的名号，说实话，一点都不冤枉。虽然他的功业对中国有利，但这样一个不爱惜民力的皇帝，在他去世后骂他几句也正常。

就在秦始皇去世的第二年，陈胜、吴广在大泽乡起义，喊出那句非常热血的口号：

王侯将相，宁有种乎！

毛主席在《贺新郎·读史》里说："有多少风流人物，盗跖庄蹻流誉后，更陈王奋起挥黄钺。"未尝不是在赞扬这种底层人民对高层暴政的反抗。

既然皇帝不把人民当人看，那么人民起来造反，也是天经地义的事情。他们只是要争取生存的权利，有什么错？

五

故事讲完了，最后总结一下吧。

有人说中国人特别懦弱，永远都是逆来顺受，从来不知道"反抗"是什么东西，这样的民族没有任何前途。

说这种话的人，简直错得离谱。

他们只看到中国人任劳任怨的一面，却没有发现，任劳任怨或者懦弱其实是忍辱负重，一旦到了忍无可忍的时候，中国人的反抗意识比任何国家的人都强烈。

历史上层出不穷的农民起义，正是中国人反抗精神的叙事史诗。

因为弱小的国家和个人想改变命运，就必须打破现状向上走，而打破现状向上走的过程，不管能不能成功，其实都是对现状的反抗。

荆轲刺秦王是弱国造强权的反，陈胜起义是底层人民造统治阶层的反，中国近代不屈抗争是造帝国主义殖民者的反，寒门贵子是造命运的反。

这种死不低头的抗争本性，是中国人与生俱来的精神内核。

韩非子三问与三条破局之道

一

《韩非子·五蠹》里说过一件事：古者丈夫不耕，草木之实足食也。妇人不织，禽兽之皮足衣也……是以厚赏不行，重罚不用，而民自治。今人有五子不为多，子又有五子，大父未死而有二十五孙。是以人民众而货财寡，事力劳而供养薄，故民争，虽倍赏累罚而不免于乱。

什么意思呢？

韩非子说，远古时候的人们不用种田，采摘野果和捕猎就够吃了，穿的衣服也是纯天然无污染的兽皮，所以人民生活安乐，每天都是岁月静好的样子。

现在生产力增长，人们喜欢生孩子，平均下来一个人有 5 个孩子和 25 个孙子，导致无限增长的人口在有限的资源里争夺，付出百倍努力，才能得到普通的生活。

也就是说，努力程度和收入完全不匹配。

这么下去迟早要出乱子。

其实吧，韩非子在说“内卷”化的问题。

最近几年内卷很流行，很多人感觉焦虑。

比如大学生以前是天之骄子，走到哪里都是重点培养对象，现在却是本科生遍地走，硕士生一操场，博士生一礼堂。

再比如以前上班是朝九晚五，下班就回家做饭、看电视，开开心心，现在加班成常态，连正常睡觉都成梦想了。

还有以前的中学生不用补课、熬夜，该玩就玩，该学就学，照样能考上大学。但是现在的中学生却很累。

实在没办法。大学招生数量是固定的，你去劳逸结合了，别人却在玩命刷题，那么别人高考肯定得高分，你想得高分也必须玩命学习。结果所有学生的负担都在加重，但是其中很多学生未必能考上好的大学。

所以，内卷是伴随人类共存的固定话题。

只要狼多肉少，内卷就不可避免。

而生产力的发展速度，偏偏又赶不上人类需求的增长速度，那么如何解决内卷，便是一个技术活。

社会、行业、单位，总要面对这个问题。

二

既然韩非子能提出问题，古代统治者肯定想到解决办法了。

回顾历史，解决内卷无非是三条路。

第一条路肯定是向外发展。只要蛋糕的增长速度超过人类需求的增长速度，那么内卷就永远不会出现。

其实战国初期的内卷已经很严重了，每个国家的内部土地基本消化完毕，疆域也抵达地理边界，周围不是草原就是大海，放眼四顾，除了继续向外发展再也没有出路。于是各国掀起变法高潮，统一天下的事情谁都不敢想，不过在激烈的竞争中赢得一丝胜算，总可以吧？

竞争的结果是秦灭六国，虽然关东六国人民没享受到什么红利，但是秦国人过得很不错。

不过秦始皇还没有满足。他继续派出军队攻占岭南和长城以北，让中国的蛋糕大大的，人口少少的，总没有问题了吧？

到汉朝的时候，秦始皇做好的蛋糕被消化完毕，人口达到 5000 万，基本是当时生产力的上限。

然后呢？

汉武帝开始四面出击，平定朝鲜、岭南、夜郎等地区，又动员汉家儿郎到西域屯田，要把水草肥美的西域和河西走廊也占下来。

这真的不是皇帝穷兵黩武，实在是不向外走就没出路。我们都说中国的地理环境好，但是从反面来说，中国也是欧亚大陆的一座孤岛。

后来的唐朝四面出击，把秦、汉做过的事情再次做到极致，在朝鲜、日本、西域和突厥，都留下了脚印。

第二条路是向内深耕。

这条路是从宋朝开始的。

倒也不是宋朝不愿意走出去，只是宋朝实在走不出去。既然走不出去，就只能把已经拥有的东西开发到极致，所以宋朝以后的中国，一切都在向精细化的方向发展。

比如瓷器和丝绸越来越精美，除了审美提高以外，另一个原因就是手工不好根本卖不出去。

又比如土地，以前国土面积大的时候，人们都愿意到平坦开阔的地方种地。后来国土面积不大了，人们在山沟沟里也开垦出小块土地，勉强能收获三天口粮。

总之，宋朝以后的一切都在向精细化发展，所有东西都被仔细雕琢，像一件件完美的艺术品。虽然是易碎品，摆在台面上却很漂亮。

不过这条路到清朝也走不下去了。

因为清朝人口爆炸到 4 亿，这个数字是中国农业社会能承载的极限，而且清朝到处设置障碍，不让中原人口到边疆去。找不到出路的人们只能见缝插针，凡是能长草的地方都开垦成农田，甚至家门前后也要种粮食，把拜访乾隆皇帝的马戛尔尼都震惊了。

清朝的人口数量是中国古代历史上人口数量的巅峰，清朝也是内卷化最严重的朝代。唐朝人均占有土地近百亩，清朝人均只有不到 10 亩，可想而知清朝人有多穷。

康乾盛世也成了饥饿的盛世。

国家极度向内深耕，必然会留下层出不穷的臭毛病，从某种程度上说，女子缠足、三纲五常成为主流价值观、八股文等，也是国家内部精细化的必然结果。

毕竟，社交和意识形态也是“内”的一部分。

很多人说清朝拖了中国发展的后腿，其实清朝的困局在于，向外发展走到极致，向内也深耕到极致，又由于人口太多不需要发展机器，反过来导致没有工业来容纳更多人口，结果就是 4 亿人困在东亚。

这不是清朝皇帝的问题，而是中华文明演进到这里，必然的结果。

归根结底，清朝是中国历史上优点和缺点的集大成者。

第三条路是公平。

凡是向外发展、向内深耕都到尽头的时候，国家便进入内卷的死胡同，对各种资源的争夺达到极点，大家都活得很苦。

于是，公平分配就是人们的第一主题，而在经济和交通不发达的农业时代，最直接的公平分配方式就是农民起义。

这不是谁能够挑起来的，甚至和皇帝、大臣的贤明程度也没什么关系，而是事物发展到这个时候，几百年矛盾的总爆发。这就是历史的客观规律。

三

说了内卷的历史规律，我想起了集齐三种历史规律的明朝。

这个王朝前期非常刚猛，像极了汉唐。

你看朱元璋称帝以后，铆足了劲儿重整河山，什么安抚农民恢复生产、北伐蒙古稳定国家安全、和周边小国重建东亚朝贡体系等，无不是为了恢复汉唐荣耀打基础。到了朱棣时代，更是派出庞大的船队下西洋，最远到达东非海岸，让大明声威远播海外。

秦始皇征服百越、汉武帝伐匈奴收西域、唐太宗南征北战万国来朝，恐怕也不过如此了吧。

这也是明朝以发展对抗内卷的国策。

但是到了土木堡之战以后，明朝在发展的路上遭遇了重大失败，从此被打折了脊梁骨，再也不敢有征服蒙古的梦想，谁要是敢说效法太祖和成祖，总会有人说：难道你忘记土木堡的教训了吗？

郑和七次下西洋整合了亚洲的贸易网络，清理了海洋上的海盗，基本打通了亚洲的海上贸易线，在明朝官员叫停下西洋之后，东南沿海富商便自己准备大船，带着瓷器、宣纸、丝绸等商品出海贸易，赚钱赚到“飞起”。

但是在明朝官方海禁的政策下，东南沿海贸易的发展，并不是一种开放的战略，除了让一批富商增殖家业以外，和国家财政、国策基本没什么关系。

也就是说，明朝陆地和海洋的发展都停止了，把自己彻底封闭在了东亚大陆。

等明朝用 200 年时间向内深耕完毕，有限的资源再也不能养活无限增长的人口，再加上干旱和瘟疫等天灾，便爆发了要求重新洗牌的李自成起义、张献忠起义。

整个三件套，明朝都集齐了。

明朝血淋淋的教训，明明白白地告诉我们一个道理：只有做大蛋糕，才能不被困死在一方小天地。而做大蛋糕的最佳方法，就是走出去。

国家、行业、单位的资源都是有限的，谁强大就能多占一点，生存得久一点，生活质量也高一点。谁弱势就占不到多少资源，只能吃赢家的残羹剩饭，而且还要看人家的脸色，人家一旦心情不好，随时都能砸了你的饭碗。

这不是个人选择的问题，而是国家能不能生存的问题，这个逻辑一定要想明白。

四

最后还要说一点额外的东西。

我们都知道，限制一个国家发展的是资源，比如地大物博的国家，发展空间就会特别广阔，文明程度也比较高。而国土小、资源少的国家，用不了多久就到天花板了。甚至可以说，有没有煤炭、有没有铁矿、有没有石油，都会从不同层面影响国家的发展上限。

我们把这个范围扩大到地球，可以很清晰地发现，限制地球工业发展的核心因素是石油、煤炭等能源。要是没有石油、煤炭等能源，工业世界马上就运转不起来了。

但是石油和煤炭的储量是有限的，总有开采完的一天，如果太阳能和可控核聚变还没有普及，那世界各国不就要争夺仅剩的能源了吗？

那可不就是整个地球的大内卷了吗？

再深入一点说，限制工业发展的也是资源，比如铁矿能生产什么产品、铜矿能生产什么产品等，要是地球上没有合适的资源，很多东西是造不出来的。

也就是说，地球的资源，限制了文明的等级。

未来的世界，对内深耕到极致以后，会不会陷入类似于明朝和清朝的困局，既没有向外发展的渠道，又限于文明程度不能容纳暴增的人口？

到那时候，人类的出路又在哪里？

所以“我们的征途是星辰大海”，绝对不是一句空话，而是人类命运的最终归宿。要是冲不出地球，人类就会被锁死在现阶段的文明程度。

这么一想，还真有点淡淡的忧伤。

说到底呢，冲破内卷的方法，一是技术进步拓宽边界，二是制度设计保证公平，除此之外再没有出路。

当然，这些都是我在夜深人静时瞎想的，离现实生活太遥远，写在这里也只是一点个人想法。

不过《韩非子·五蠹》里也说了，人民少而禽兽众多的时候，有巢氏能建房子就可以做天下的王。天下洪灾遍地的时候，大禹能治水就可以坐天下。但是后世人照抄尧舜禹的理论，必然让人笑掉大牙。

生产力都发展到极高的程度了，还在卖弄建房和治水的本事，典型的被历史车轮碾压了嘛。

所以说，一代人有一代人的使命，千万不要因循守旧，守株待兔的事情要不得。

只要没到最后一步，世界就有无限可能。

白鹿皮币

一

公元前120年，经过多年征讨匈奴，以及各地水旱灾害的袭扰，汉朝财政基本破产。

《史记·平准书》里记载得很明白，河西走廊的浑邪王率领数万人投降，朝廷大肆封赏，花费“百余巨万”。梁、楚、关中和朔方都有水渠工程，花费“各巨万十数”。山东遭到水灾，朝廷把70万灾民迁徙到关西和朔方，并且命令县政府照顾灾民的衣食住行，花费以亿计，“于是县官大空”。

朝廷和地方都没钱了，但那些富商和诸侯，却凭借煮盐、冶铁积累万贯家财，站在旁边看朝廷的笑话。

为了挽救财政危机，朝廷官员建议汉武帝：“古代诸侯朝贡，都是用皮币，我们也可以效仿呀。”

这个意见操作起来很简单，就是把动物皮毛做成没有实体依托的货币，然后以朝廷权力做背书，赋予皮币远超自身的价值。

汉武帝瞬间就明白了，挥舞镰刀割一波韭菜，简单。

正好上林苑的白鹿很多，他就命令捕杀白鹿，把白鹿皮切割成一尺大小的方块，然后在白鹿皮周围刺绣装饰，白鹿皮币就做成了，交给专门经营皇帝私产的少府垄断出售。

汉武帝一口咬定，一个白鹿皮币值 40 万钱。

汉文帝曾经说过：“百金，中人十家之产也。”汉朝的货币兑换标准是一金值万钱，那么百金就是百万钱，十个中产阶级家庭的财富加起来是百万钱，说明汉朝中产阶级的标准是十万钱。

现在汉武帝随手做的白鹿皮币，定价是 4 个中产家庭的财富总值，按照现在的标准，起码在 4000 万元以上。

这么贵的白鹿皮币，又没有实体经济做依托，根本没有任何信用，拿到市面上能卖出去才有鬼了，割韭菜也不是这么割的。

但是汉武帝有办法。每当逢年过节的时候，宗室和诸侯都要来长安朝拜进贡，汉武帝发了命令，你们朝拜进贡必须用白鹿皮币做荐壁，才能进我的门，要不然就是大不敬，抓你们去坐牢。

所谓荐壁，就是贡品底下的垫子，类似于水杯的垫子。

其实汉武帝也知道，白鹿皮币没什么价值，但那又怎样，我就是明目张胆地割韭菜，你们还敢造反不成？

宗室和诸侯都不敢造反，白鹿皮币便成了汉武帝割韭菜的利器。

二

不管是什么币，想要在市场上发挥作用，最重要的是信用，而信用的背后则是共识。

比如黄金，原本只是一种金属，但是自从人类有经济活动以来，大家慢慢形成一种共识，就是黄金可以兑换任何东西，只要有足够的黄金，在世界上可以横着走。

于是人类的共识，赋予黄金极大的信用，黄金也就成了实体货币。

反过来说，成为实体货币的黄金，通过无数次商业交易，再次加固了作为货币的信用，也加深了人类对于黄金的共识。

那么白鹿皮币的信用是什么呢？

权力。

汉武帝发行了白鹿皮币，而汉武帝是天下权力最大的人，完全有能力操控天下人的生死，他说让谁三更死，谁就活不到五更天。他说朝拜进贡必须用白鹿皮币，不用就是犯罪，那么汉武帝就是用国家最高权力，给白鹿皮币做背书，让白鹿皮币有了国家级的信用。

为了强化白鹿皮币的信用，汉武帝还杀了人。

大司农颜异管理国家财政，对汉武帝割韭菜不满意："宗室和诸侯朝拜用的玉器，也不过几千钱，底下的垫子倒值40万，这不对劲啊。"

汉武帝一听就怒了，我要割韭菜，你却要保护韭菜，啥意思？

不久后，有人告发颜异犯罪，汉武帝顺水推舟，交给廷尉张汤审理，最后定了腹诽罪处死。

宗室和诸侯相信汉武帝是狠人，不用白鹿皮币就要掉脑袋，于是便形成共识，虽然只是一张鹿皮，但这东西是买命钱，值40万。

信用和共识有了，白鹿皮币便可以畅通无阻。

一边用来割韭菜，一边化身韭菜自愿被割，大家都看破不说破，配合得天衣无缝。

三

人类社会中最高的权力之一是货币发行权，谁掌握了货币发行权，谁就是国家的经济天子。发出多少货币、收回多少货币、货币之间的兑换价值是多少，稍微有点变化，都能让无数人瞬间破产，也可以让很多人富可敌国。

当真是一言兴邦，一言灭国。

相比煮盐、冶铁致富的 old money，汉武帝属于急需赚钱的 new money。

既然传统收税的方法不能挽救财政危机，汉武帝便用权力重新发行了白鹿皮币，绕开传统的货币路径，直接用国家权力推行出来。

所以汉武帝用白鹿皮币挣的钱，本质上是一种铸币税，也只有另起炉灶重新发行货币，才能享受到铸币税的乐趣。宗室和诸侯花费的 40 万钱，根本不是一块破鹿皮有什么价值，而是为汉武帝的权力埋单。

换句话说，汉武帝用权力换钱，宗室和诸侯用钱买命，白鹿皮币只是一个中介，给双方披上一层遮羞布而已。

这也是白鹿皮币最大的问题，本身不创造任何价值，只是财富的搬运工。不像黄金一样，除了做财富的搬运工以外，由于产量稀少，本身就是财富的一部分。

什么时候买方失去共识，那么白鹿皮币的信用便没有了，紧接着发行货币的一方，也没有铸币税可以收了。

这场大戏也就落幕了。

那些老人家选定的二代们

一

历朝历代最尴尬的人中，毫无疑问，一定有老人家选定的二代们。

因为老人家走了，二代们接过老人家的宝座和权力，却几乎指挥不动依然健在的次级老人们。

这就是尴尬的地方了，在其位，不能谋其政。倒不是他们什么都做不了，而是在做事的时候，会有很多时候被掣肘，根本不能放开手脚做想做的事。

可能有人要说了，历史上也有很多年轻皇帝啊，为什么这些年轻皇帝略施手段，就能完成集权，顺利推行政令？比如 16 岁继位的嘉靖皇帝，通过“大礼议”事件，一举坐稳皇帝宝座。

其实问题的根就在于，国家的初期和后期，完全不是一个概念。

在国家进入后期的时候，虽然也有很多老龄官员，但他们和年轻皇帝一样，都要依附于国家系统，才能生存下来。类似于玩游戏，双方都是玩家，年轻皇帝可以利用组织、机构和国家权威，尽情释放天性，直到达到目的为止。而老龄官员在这套组合拳之下，几乎没有还手之力。

他们是在公平竞争，无非是手里的筹码不对等罢了。

但在国家初期就不同了。只有老人家选定的二代们，才是依附于国家系统的游戏玩家，那些依然健在的白发老人，可是和“一代目”打江山的人，属于游戏的开发者。

游戏玩家想用组织、机构等游戏规则，击败游戏开发者，难度是不是太大了？他们经历数十年的腥风血雨，能亲手建立游戏，并且制定游戏规则，自然能绕开它，重新做一款新的游戏。

在这种局面下，初登宝座的二代们，哪有资格指手画脚？要是能安分守己，尚且可以安然度日为将来谋划，要是想破坏游戏规则，很快，游戏开发者就会按下 game over（游戏结束）键。

比如汉惠帝刘盈，面对“佐高祖定天下”的吕后，丝毫没有反抗之力。

吕后想杀赵王刘如意，刘盈保护了好几天，结果吕后趁刘盈外出打猎的间隙，直接送给赵王刘如意一杯毒酒，等刘盈回宫以后，才发现弟弟已经死了。吕后还把戚夫人做成人彘，让刘盈来看。

刘盈看完大哭，却不能阻拦母亲的所作所为，只能吐槽一句：“臣为太后子，终不能治天下。”然后“放弃治疗”，终日饮酒作乐，没几年就病逝了。

他随口说的两句话，其实大有讲究：这个天下，只有太后能治，太后子当然没资格。就像你每个月用爸爸给的钱生活，却想挣脱爸爸的束缚追求独立，这不是开玩笑吗？

刘盈的结局，成为后世二代们的标配。

毕竟吕后等人“佐高祖定天下”的时候，刘盈只是个孩子，他们不避刀枪危险建立的国家，凭什么听一个年轻人的号令？

能让他们乖乖听话的，只有那个带领他们冲锋陷阵的老人家。可老人家已经去世了，留下二代们独自迎接狂风暴雨。

二

除了年轻以外，二代们还有一个合法性的问题。

二代们的合法性，往往来自和老人家之间的传承，所以他们必须高高举起老人家的旗号才能立足。如果抛弃老人家的旗号，那么没有定国功勋的年轻二代，又有什么资格继续坐在宝座上？

所以老人家留下的遗产，不管好的或者坏的，他们都要打包接收过来。虽然在操作的时候，可以修补一些细枝末节，但大方向不能变。

于是一个不可调和的矛盾便出现了：老人家都是乱世雄主，用刚猛的手段才能梳理乱世，建立国家之后也要清理前朝积弊，给后世打下坚实的基础。在这个过程中，必然要伤害很多人，甚至制造新的矛盾。

朱元璋就曾说过，“元以宽失天下，朕救之以猛”“吾治乱世，刑不得不重”。

为了江山和人民，老人家们以猛治乱世，到了几十年后，国家已经进入太平岁月，就需要稍微放宽一点，让大家喘口气。然而以老人家继承人自居的二代们，唯一的合法性就是和老人家之间的传承，怎么可能改变原有的方向呢？

改了，自己的地位不保。不改，很多人不满意。

二代们处于一种不可调和的矛盾里，不管如何选择，都是错的。

而老年官员们却有天然的合法性。毕竟江山是他们打下来的，游戏规则是他们制定的，作为游戏的开发者，不管他们做什么都是对的。

当二代们的尴尬处境遇到游戏开发者的降维打击，很多似曾相识的事情就出现了。

汉惠帝刘盈去世几年后，陈平、周勃等人诛灭吕氏家族，“无少长皆斩之”，彻底终结汉朝的“惠帝——吕后”时代。刘邦定下吕氏和功臣共掌朝政的布局，现在也被陈平和周勃抛弃，迎接汉文帝入长安，进入功臣独大的新时代。

唐朝的二代则是太子李建成，因为他的唯一合法性是李渊长子，并没有其他功勋能支撑起他的地位。秦王李世民则是功臣的代表人物，属于年轻的老同志。结果没等李建成正式登基，就被李世民射死在玄武门，李建成和李元吉的 10 个儿子也惨死刀下。

射死手足兄弟的李世民，当然要加钱。

于是李渊的至爱亲朋裴寂等人纷纷退休，长孙无忌和侯君集等功臣出任朝廷要职，排排坐分果果。

明朝初年最特殊，朱元璋把开国功臣们基本都杀了，让儿子们到各地执掌军权，成为明朝另一种形式的老同志。

原本朱元璋希望朱允炆延续既定政策，千万不要瞎折腾，结果朱允炆继位不久便更改祖制，把自己的合法性给改没了。后来的靖难之役，口号便是恢复太祖制度，而接替朱允炆登上皇位的，也是“诸王之长”的燕王朱棣。

这些历朝历代都发生过的故事，谁又能说只是巧合？

每个老人家都想把遗产交给下一代，而且最好是和平交接，不要再起任何波澜。可历史证明，每个朝代的二代都是在动荡中交接遗产，甚至要掀起一场血雨腥风。

三

其实说到底，每个老人家选定的二代们，都是过渡性人物。

如果在国家时间线上出现得稍晚一些，或者做一些具体的工作，他们应该会有更大的成就。

但是命运无常，他们也不知道为什么，就被推到一个决定国家走向的十字路口，前有老人家的遗产，后有“佐高祖定天下”的老同志们，做什么都是错的，尴尬得不行。

那些“佐高祖定天下”的老人也明白，二代们其实是无辜的，不管接班还是退休，都不是他们能决定的。所以在短暂的避讳之后，后人也会发自内心地同情他们，并且在力所能及的范围内，给他们匹配的历史地位。

而且汉惠帝、李建成、朱允炆这些二代虽然都做过一些过火的事情，但对于个人而言，都有非常仁厚的一面，这样的人，其实也差不到哪里去。

今朝

每个时代都不是独立存在的，追根溯源，必有源头和终点。

源头藏在历史的细节里。

一条打通古今的主线是推论过程。

而终点是我们想要寻找的答案。

冰河时代

一

《史记·货殖列传》里有段记载：

> 故曰陆地牧马二百蹄，牛蹄角千，千足羊，泽中千足彘，水居千石鱼陂，山居千章之材。安邑千树枣。燕、秦千树栗。蜀、汉、江陵千树橘。淮北、常山已南，河、济之间千树萩。陈、夏千亩漆。齐、鲁千亩桑麻。渭川千亩竹。及名国万家之城，带郭千亩亩钟之田，若千亩卮茜，千畦姜韭。此其人皆与千户侯等。

绕晕了吧，我来翻译一下。

司马迁的意思就是，如果有 50 匹马、100 多头牛、250 只羊、250 头猪、千亩竹林、千株橘树中的任意一种，财富数量都相当于千户侯。

千户侯可是汉朝册封的侯爵，不说富可敌国吧，起码是地方的纳税大户，种点竹子和橘子就能赚钱，说明这些东西都是汉朝的经济作物，还是不动产。

尤其是竹子，盖房和制作武器都要用到，类似于现在的钢材。

竹子有多重要，还是看司马迁的记载："竹竿万个……亦比千乘之家"。意思是有一万个竹竿，就是身家 10 亿的富豪了。

而且司马迁在这段话里，透露出一个很重要的信息：渭川千亩竹，蜀、汉、江陵千树橘。

橘子喜欢温暖湿润的气候，低于 -8℃就死了，所以橘生淮北则为枳。竹子是亚热带植物，现在主要分布在川渝和江浙。

渭川在关中，汉是汉中。要知道在明清时期，这些地方种粮食都困难，汉朝的时候居然能种竹子和橘子，简直有点不可思议。

但以司马迁做学问的严谨程度，肯定是有了。

那问题就来了：为什么明清时期没有的东西，更早的时代却有呢？

其实原因很简单，古代气温高。

据竺可桢先生考证，除了西周有两百年的低温气候，在西汉灭亡以前，中国将近 3000 年的时间里，平均气温比现在高 2℃。

可能有人说，只不过 2℃而已，家里的空调升温 2℃根本没感觉啊。

家里当然没感觉，可全球升温 2℃，环境就大不一样了。因为仅仅升温 2℃，黄河流域的河南、陕西、山东便成了亚热带，类似于现在的广东和云南，而那时的江南，则相当于现在的东南亚。

在这种高温环境里，大象在河南野蛮生长，商朝人民就把大象当宠物养，甚至组建了一支象军。这种典型的东南亚特产，居然在商朝的河南出现了，于是河南的简称是"豫"：一个人牵着大象。

而且黄河流域有梅子和竹鼠，梅子是用来调味的，竹鼠可以吃，这两种东西，现在已经跑到江南沿海地区定居了。

这种温暖的气候从公元前 3000 年持续到东汉初年，整整 3000 多年，我们熟悉的三皇五帝、诸子百家、秦皇汉武，都是在这个时期出现的。

因为气候温暖，农业和畜牧业都发展得很好，中国先民在劳动中积累了大量经验，这种地理、气候和人的互动，带着中国文明滚滚向前。

汉朝的关中有竹和橘，实在太正常了。

再多说一句，那时候的人们穿着和裙子一样的下装。以前我很纳闷，冬天他们不冷吗？后来明白了气温不同以后，才回过味儿来。现在很多南方人冬天也不穿秋裤，照样能过年，更何况温度更高的公元前呢？人家是真的不需要裤子。

如果你想体验上古先民的生活，直接去广东或者云南就行。

二

自 2000 年前的东汉起，地球环境变了。

上古那种温暖宜人的气温逐渐远去，中国变得越来越冷，平均气温比现在低 1 ~ 2℃。千万别以为气温浮动 3℃没关系，放在历史上，就是毁灭生态环境的大事。

气温降低导致农业减产，那时候又没有化肥和大棚种植，结果就是粮食不足。而王朝安定数百年，却让土地能养育的人口数量达到顶峰。

这么一来，粮食总量完全不够人口分配，再加上权贵横行和阶级剥削，导致很多人吃不到粮食，只能挨饿。

于是，马尔萨斯陷阱起作用了。

人们成天游走在饿死的边缘，总要想办法活下去啊，换作是你，恐怕也不会在乎什么道德和法律了，唯一能做的是零元购。所以在184年，东汉王朝的内部腐化和气温降低，直接导致了黄巾起义。

中国农民受不了气温降低，草原牧民也受不了。

毕竟气温降低到一定程度，必然影响牧草生长，一旦水草不丰盛，牛羊没什么吃的，便会大批饿死。那么以牛羊为食物的牧民，也要跟着挨饿。为了活下去，草原游牧民族就得找出路，以他们逐水草而居的生活方式，肯定是向水草丰盛的地方前进。

那什么地方的水草丰盛呢?

当然是南方嘛。

气温降低以后，农牧交界线逐渐南移，以前内蒙古能种竹子，现在不行了，竹子和橘子、大象、竹鼠等，转移到南方的长江流域，而北方的黄河流域，正是游牧民族喜欢的环境。

所以在三国时，草原游牧民族纷纷向南迁徙，在河北和山西定居下来，成为中原王朝的编外人口。

魏晋政权稳定时，他们安分守己地过日子，但是司马家掀起“八王之乱”，打得山河破碎，这些游牧民族就在这时起兵南下争夺政权。

而此时的罗马帝国也到了衰落期，不仅官僚和贵族阶层越来越庞大，可以交税的农民和商人也越来越少，导致罗马帝国的财政非常糟糕，和中国的东汉王朝差不多。

其实每个国家的末年都一样，核心便是既得利益集团向上截留国家税收，向下剥削底层人民，成为臃肿的食利阶层。

熟悉的配方，熟悉的味道。

气候温暖期，国家的生产力大发展，经济实力爆棚，生产力加经济造就了大批人才，而农民更容易安定，于是国家快速建立稳定的政权。经过几百年的安定岁月，国家系统不断老化，走到寿命的终点，正好赶上降温和天灾汹涌而来，咣当，国家崩溃了。

这个过程有必然，也有巧合，只能说特定的事情在特定的时间爆发了。

而中亚大草原，又成为中国和欧洲的联络线。

草原游牧民族想求生路，只有两条路线，其一是越过长城进入中国，匈奴、鲜卑、突厥、契丹和蒙古，都是走这条路线进来的。

其二是向西迁徙，经新疆进入哈萨克斯坦等中亚国家，他们在这里继续分化。有的向南走，攻破阿富汗、伊朗甚至印度，然后皈依伊斯兰教，在原地建立国家。印度的莫卧儿帝国，开国君主就是突厥化的蒙古人。

不得不说，那时候的蒙古人是超级学习机器，走到哪儿学到哪儿。

有的继续向西走，越过中亚草原直抵欧洲，然后把欧洲国家暴揍一顿，留下“上帝之鞭”的名号。汉末大降温之后，部分匈奴人便走上西迁之路，百年后突然冒出个匈奴王阿提拉，在欧洲杀得人头滚滚，留下万世凶名。

整个魏晋南北朝的分裂，归根结底，都是国家系统崩溃和地球降温的二重奏。

经过几百年大洗牌，跟不上生产力的制度被改革了，水火不容的民族融合了，中国轻装上阵，进入辉煌鼎盛的隋唐帝国。说来也巧，原本打寒战的地球突然病愈了，气温逐渐回升到秦汉时期，也就是比现在高 2℃的水平。

于是，橘子回来了。

李隆基在蓬莱宫种了几株橘子树，每年能结100多个，偶尔和大臣们炫耀：“站在这里不要动，朕去摘点橘子。”

气温回升的重要标志是农田产量，公元738年，也就是李隆基统治下的开元盛世时期，甘肃庆阳的小麦大丰收，却怎么都卖不出去，因为所有地方都丰收了，根本不需要买粮食。庆阳在甘肃和陕西的交界处，农田产量不低于东部，可见环境真的适宜人类生存。

而庆阳以西的河西走廊、安西都护府，竟然也是水草丰茂的地方，不仅适合大规模耕种，那些不能种田的地方，也可以畜牧养马。

农牧两开花，甘肃成为大唐的西陲重镇。

但唐朝的好运到此为止了。随着大唐在“安史之乱”后走下坡路，气温重新降低，原本富庶的河西走廊逐渐破败，甚至辉煌几百年的关中，也变得不适宜农耕，失去了经济重心的地位。

当然，战乱破坏是很重要的原因，气温降低也是事实。

此后千年，虽然气温偶然回升一下，给历朝历代稍微带来点欣喜，但总趋势是降低的，明清时期的最高温度，都没达到汉唐的最低温度。

从草原冲出来的蒙古人，沿着两条路线出击，一部分进入中国建立元朝，一部分屡次西征，最远到达欧洲境内，还有一部分则留在中东地区，和当地民族融合，建立起伊斯兰国家。基本把蒙古高原能走的三条路线走遍了。

17世纪中期，中国气温降到有史以来的最低点。

最冷的时候，江浙的太湖都结了厚厚的冰层，有人从江苏驾车出发，一路穿过太湖到浙江湖州，居然没有掉下去，现在看来简直是天方夜谭。

伴随低温的是饥荒。大明共有两京一十三省，有大半省份常年干旱，除了少数地区能种出粮食来，很多地方常年颗粒无收。

同样是甘肃庆阳，在大唐可以大丰收，粮食多得卖不出去，在明朝却连粮食都种不出来，李自成带起义军去庆阳转了一圈，发现这地方根本不能养军，留在甘肃是要饿死的。李自成和其他义军领袖从陕北闯出来，拼命往东部走，那都是去干饭的啊。

而立国 200 多年的大明朝已经烂透了，朝廷有昏庸的崇祯和捞钱的阁老，地方有猪一样的藩王和乡绅，江南则是东林党的地盘。于是明朝和汉唐一样，走上国家系统崩溃和气温降低的老路。

唐朝以后的千年里，有没有气温回升呢?

也有的。

其中一个小幅回升持续十几年，张居正改革便发生在这段时间，给大明朝续命几十年。

另一个气温回升时期持续百年，做皇帝的是康熙、雍正、乾隆，留下“康乾盛世”。

到底是人借地球的势，还是环境塑造了人?

你仔细品。

三

明白中国的历史变迁，接下来我们把视角再放大一点。

五千年的时间里，为什么气温会不停变化，给人类生活造成巨大的困扰呢?

要说清楚这个问题，首先要明白，我们生活在地球上，万事万物都要遵循地球的运动规律，脱离地球运动谈世界，那是耍流氓。

距今 2.5 亿～ 6000 万年前，地球处于中生代，而中生代又分为三叠纪、侏罗纪、白垩纪，稍有常识的人都知道了，这是恐龙生活的年代。

恐龙在地球上没心没肺地生活了 2 亿年，直到 6000 万年前一颗彗星撞击地球，引发大规模火山喷发，遮天蔽日的粉尘进入大气层，影响了植物的光合作用，导致恐龙的食物链断裂，造成恐龙灭绝。

陪恐龙一起灭绝的，还有地球 50% 的物种。

从此以后，地球进入第三纪，这是哺乳动物蓬勃生长的时期，直到 258 万年前，一个大型冰盖永久覆盖南极大陆，地球进入第四纪大冰期。

是的，我们现在就生活在第四纪大冰期，俗称冰河时代。

可能有人要说了，温室气体都超标了，世界各国都在节能减排，这哪是冰河时代啊，冰你个鬼去吧。

但是我们真的处于冰河时代。

第四纪大冰期至今 258 万年，不是说整个地球都和南极似的，永远被冰层覆盖，而是一个接一个的小冰期，共同组成第四纪大冰期。

每个小冰期的周期是 10 万年左右，而两个冰期之间会有 1 万～ 3 万年的中断时间，学术上叫作间冰期。

间冰期没有冰期寒冷，反而很温暖，特别适合动植物繁衍生息。

我们生活的年代，便是上一个冰期结束，下一个冰期尚未开始的间冰期，至今已经走过 1.17 万年，开始的标志便是全世界的共同记忆：大洪水。

当然，间冰期也不是永远温暖的，地球在间冰期还是有气温浮动的，幅度差不多是 1 ～ 3℃，这个时期叫作冰段。

是不是和中国历史对照上了？

炎黄至秦汉、隋唐的气温，才是地球间冰期的正常状态，人类可以放肆生活，而魏晋和宋元明清的低温，尤其是造成明末惨状的小冰河，其实就是冰段。

那为什么会有冰期和间冰期呢？

学者认为，几百万年前不知道什么原因，地球的二氧化碳浓度比恐龙生存的中生代整整下降 10 倍，造成气温急剧降低，于是开启了绵延无期的第四纪大冰期。

在 10 万年小冰期的时候，二氧化碳浓度逐渐积累，地球气温开始回升，当二氧化碳浓度突破某个临界点，温暖的间冰期便开始了。再过 1 万 ~ 3 万年，空气中的二氧化碳不够，10 万年小冰期就启动了。

人类在间冰期生存 1.17 万年，如果不出意外的话，人类文明已经走过一半，以后的日子也就一万多年了。

要是一万年内不能走向星辰大海，人类现有的文明，会遭到极其严重的打击。

那 10 万年的小冰期，人类就不能生存吗？

别做梦了，据中国工程院院士李佩成考证，10 万年小冰期的温度比现在低 8 ~ 12℃。

明朝末年比现在低 2℃，已经是遍地干旱饥荒，发生人吃人的惨剧了，短短 20 年时间中国人口减半，要是气温降低 8 ~ 12℃，什么都别说了，人都给冻死了。

这也解释了为什么人类是从非洲走出来的。因为在上一个冰期的时候，只有非洲这种地方，人类才勉强能够生存。

有部电影叫《雪国列车》，电影里有个人的胳膊伸出火车外，不到十分钟就冻成冰雕，轻轻一敲就断了。

什么时候间冰期过去了，估计地球就是这种场面。

四

我们在前文说，此次间冰期的余额，只剩下 1 万多年，有没有什么办法可以增加人类文明的年限？

也是有的。

部分科学家说了，如果二氧化碳浓度增加到 750ppm，间冰期可以持续 5 万年，相当于给人类文明充值。

如果二氧化碳浓度下降到 210ppm，下次冰期便会在 1 万年后出现，人类的一切都将消失。

而工业革命前的二氧化碳浓度，只有 280ppm，经过几百年的工业革命，2015 年一度突破 400ppm。

想增加人类文明的年限，必须放任二氧化碳排放，让其浓度比现在翻一倍，代价便是全球继续变暖。

相比工业革命以前，气温上升 2℃，居住着 2.8 亿人的地方会被淹没，上海变成威尼斯一样的水上城市。气温上升 4℃，超过 1.45 亿中国人生活的沿海城市，将变成海底世界。

几千年前的沿海地区经济不发达，基本没什么人居住，但现在不一样了，中国的经济大半在沿海地区，要是继续放任二氧化碳排放，就出大事了。

一万年后的人类文明走向何处，对我们来说太过遥远，谁都不能确定，一万年后会发生什么。

我们国家对减排非常积极，承诺在 2030 年达到碳排放的峰值，并且在 2060 年实现碳中和，什么时候美国人也把碳排放量降下来，全球升温控制在 2℃以内不是问题。

到时候中国重新回到文明发迹的年代，也就是比现在高 2℃的时期，我们就能知道，司马迁真的没有骗人。

陕西关中有竹子和橘子，河南的朋友可以养大象做宠物，真正体会一下，豫字是什么意思。

现在地球运动走出冰段，除去工业化的影响，也在不断向成就秦汉、隋唐的正常气温自然恢复。

这种宏大的历史进程，恐怕是地球妈妈给我们发的超级大礼包。

这才是“不愿生育”的真相

一

众所周知，人们愿不愿意生孩子，是由生产力决定的。以工业革命为分界线，这点表现得非常明显。

在靠天吃饭的农业社会，人们愿意生孩子，而且把“结婚生子”当作人生最大的任务之一，毕竟生产力落后嘛。

比如《史记·夏本纪》里说，大禹治水用了13年，走遍大半个中国，才开九州、通九道、陂九泽、度九山。最后治水成功，大禹累得小腿上的腿毛都磨光了。

在那个年代，大禹是国家的领导人之一，工作环境都如此恶劣，可想而知，普通人的生活有多惨。基本上是“茅屋杂食皮草”三件套，能活一天算一天，生活质量就别想了。

至于防疫和医疗更是没有的事，如果不幸感染病毒，只能用免疫力硬扛，能活下来是命大。反正周围的人都一样，大家对生命感受的阈值很低。

这种生产力落后的年代，从“三皇五帝”一直持续到工业革命前夕，虽然各种技术在不断进步，但始终处于积累阶段，并没有跨越式的发展，对人的寿命帮助不大，直到1949年以前，人均寿命都只有35岁。

活下去是农业社会最大的追求。

为了对冲高死亡率的风险，人们唯一能做的便是提高出生率。也就是尽量多生孩子，不至于家庭失去劳动力，进一步导致家庭收入减少，甚至被人欺侮。

古代人信奉“多子多福”，本质是对于投资和回报的期望。

既然生孩子是投资，那夫妻需要付出什么？

其实也不需要什么成本，无非是做饭的时候多放一把米，吃饭的时候多一双筷子，教育则是量力而行。毕竟生孩子的初衷不是培养成才，而是给家庭增加劳动力。

那些孩子稍微有行动能力的时候，就要参与家庭的劳动，比如5岁要打扫卫生和拔猪草，8岁得放牛、放羊，长到12岁就要去种田了。还想赖在家里玩？门儿都没有。

所以在农业时代生孩子是成本极低、收益极大的投资行为，甚至是改变命运的机会。但凡生育能力健全的人，都不会放弃这个机会，玩命生孩子。

生一个回本，生两个就是赚到，多多益善。

而人们自发的生育行为，也得到了国家的保护。

《史记·魏公子列传》里说了一个故事。

公元前257年，秦国在长平歼灭赵国的40万大军后，发兵包围邯郸城。赵国平原君的夫人，正好是魏国信陵君的姐姐。于是平原君给信陵君写信，求他带兵攻击秦军，解救邯郸之围。

当时魏国已经出兵了，只是将军晋鄙驻扎在战场以外，坐山观虎斗，根本不愿意直接和秦国交锋。于是信陵君想办法偷了魏王的虎符，到魏军中杀了晋鄙，统领全军救了赵国。然后信陵君便下了一道命令："父子俱在军中，父归。兄弟俱在军中，兄归。独子无兄弟，归养。"

最后信陵君选出八万战士，击败秦军解了邯郸的困局。

信陵君为什么要下这样的命令呢？

因为父亲和长兄是家里的壮劳力，一旦在战争中牺牲，对于家庭来说就失去顶梁柱了，以后的日子会很艰难。而"独子不参军"更是国家的红线，毕竟家里只有一个后备劳动力，死在战场上，对家庭是毁灭性打击。

首先是不能给家庭创造价值了，这个家庭必然生活得非常拮据，其次是父母没人给养老了。

所以国家宁愿损失一些战斗力，也不让独子参军。

这背后的逻辑就是，孩子是家庭的重要资产，不仅要加大投资力度，还得长期持有，绝对不能做一次性买卖。

二

工业革命以后，人类的生产力迅速进步，以前想都不敢想的事，现在都能实现了。

首先是粮食。美洲发现的红薯、玉米等高产作物普及，再加上化肥和农机的运用，使土地的亩产量增加，人类的粮食供给史无前例地丰富起来。

其次是医学。青霉素、手术、药品、护理等医学技术的发明，极大提高了病人的生存概率。

有粮食就能养活更多的人口，有医疗就能降低死亡率。

而且在工业革命前期，正是需要劳动力的时候，比如煤矿、钢铁和纺织，都是劳动密集型产业，以前没什么地位的妇女，被迫走进工厂参加劳动，实在不够还有童工。

于是在工业革命前期，世界各国都在玩命生孩子，人类出现了第一次人口大爆炸。因为孩子依然是家庭的重要资产，生孩子作为一项投资，延续了收益大于成本的属性。

1800 年左右，全世界只有 10 亿人口，到 1950 年的时候已经飙升到 25 亿，这个时间段，正好是两次工业革命爆发的时间。

中国的工业化起步晚，苏联援助 156 项工程时才开始的，也就是在新中国“高积累、低消费”的前 30 年，人口从 20 世纪 50 年代的 5 亿，飙升到 80 年代的 10 亿。

可见“人口爆炸”是全世界的问题。

但是工业革命到一定程度的时候，人们开始不愿意生孩子了。

原因很简单，随着工业革命的推进，人类文明也在飞速进步，社会福利、人权、生命尊重的观点逐渐兴起，以前那种粗放的经营方式，再也维持不下去了。

首先，童工不让用了，那么对于很多贫困家庭来说，孩子回报家庭的时间就要向后推移，起码要到 18 岁以后。

然而更悲摧的事情来了。

城市居民的生活都不错，即便不能大富大贵，也不用为了吃饭发愁。“仓廪实而知礼节，衣食足而知荣辱”，当人类不再为生存挣扎的时候，便要开始追求生活的质量了。

怎么追求生活质量呢？培养孩子读书呗，争取将来能出人头地，甚至带领家庭更上一层楼。你想让孩子早点工作赚钱，可放眼望去，同龄人都在玩命读书升学，你要敢让孩子出去工作挣钱，将来连同龄人的汽车尾气都吃不到，你能甘心？

可读书是成本很大的事情，一个家庭省吃俭用投资 25 年都没有回报，甚至将来也不一定能有多大的回报，对于普通家庭来说，和祖宗一样多生孩子就很吃力。

为了集中力量办大事，把有限的资源用在刀刃上，城市工薪阶层的办法就是少生孩子，优生优育。毕竟科技进步了，人类的死亡率大幅度降低，不必用出生率来对抗死亡率。

所以在工业时代，孩子不再是家庭的劳动力和重要资产，而是回归到人类最原始的生命延续功能，以及家庭成员的精神陪伴。

而且很多人选择不生孩子，这个时候家里老人就会出来劝："哎呀，不生孩子是不行的，你老了可咋办啊？"家里老人的话没问题，这也是人类藏在基因里的东西，来世界走一趟就是为了延续生命嘛。

但是不生孩子的丁克族，其实在经济规律上也没问题。

老一辈人生孩子是为了获得劳动力，增加家庭收入，防止老无所养。而现在的年轻人，完全可以找一份工作，衣食无忧地过一辈子，不必用"增加劳动力"的方式获取家庭财富。等老了有养老金，想吃药楼下就有药店，再不济还能去养老院。于是生孩子就成了个人意愿，而不是生活刚需，不想生就不生，你能怎样？

大部分人优生优育，少部分人不愿意生，人口数量能不下降吗？

同时改变的是国家人口结构。

在工业化狂飙突进的年代，国家需要劳动力，鼓励大家生孩子，形成了一个老年人少、青壮年多的金字塔型人口结构。经过几十年发展进步，青壮年的生育欲望降低，不就生得少了嘛，那么青壮年劳动力成为老年人之后，就形成老年人多、青壮年少的倒金字塔型人口结构。

这就是我们经常说的老龄化社会。

三

世界各国进入老龄化社会，当然着急，想了很多办法来刺激生育。

比如日本推出生育补贴，只要生一个孩子就补贴 42 万日元，差不多是 2.5 万元人民币。用 2.5 万元人民币就想骗日本人生孩子，简直是打发叫花子呢，日本的生育率始终提不起来。

韩国奖励生育的政策有 100 多项，但是 2020 年的首尔人口跌破千万，已经回到 1988 年的状态了。牛津大学的教授还搞了个大新闻，说韩国可能是“首个消失的国家”，纯粹是看热闹不嫌事大。

可见刺激也没什么用，大家都不想生。

为什么呢?

原因大家都知道，压力太大，这点和工业革命也有关系。

以前的农业世界是个体的、原子的、老死不相往来的，一家人住在空旷的农村，每天感觉凄凄惨惨戚戚，打心底里就想多生几个孩子。要不然每天听着狼嚎不瘆人啊?

但是工业革命重塑了世界，人不再是孤零零的个体，而是无数人组成庞大的网，把整个世界包裹起来，每个人的一举一动，都和世界的变化息息相关。可能你家楼下的龙虾涨价，原因是大西洋的一股寒潮。你家小区的楼盘涨价，可能来自美国的货币超发。

在这种环境里，人们被快节奏的生活催着跑，每天疲于奔命，连吃外卖的时间都没有，更别说十个月的怀孕时间了。

想请假？那要先问问老板答应不答应，可能生完孩子回来，工位都被人给占了，毕竟不奋斗的不是兄弟。所以很多人的潜意识里就不愿意生孩子。

最重要的是房子。

房价一天比一天贵，年轻人想换大房子又买不起，只能在一个逼仄的环境里，夫妻俩转身都要打架，恐怕他们更不愿意再放一个孩子进来。在追求生活质量的年轻人眼里，那种鸡飞狗跳的日子，根本不是人过的。这样的生活状态，哪有心思生孩子？

就像以住房逼仄闻名世界的香港，生育率也处于世界的洼地，处于倒数第五的名次。换作是你，在笼屋里能有生孩子的心情？

世界各国都一样遵循这个规律。经济落后的乌干达、索马里等国家是非洲最能生的，而经济相对发达的欧美地区和日、韩生育率持续走低。

可见工业经济越发达的地区，人们的压力越大，越不愿意生孩子。经济不发达的地方，人们没有“996”也不用奔命，反而有生孩子的意愿。

四

既然经济发达的国家生育率在降，那以后会发生什么事？

美国是最不担心的。美国原本就是移民国家，如果劳动力不足，完全可以放开移民限制，让黑人和墨西哥人到美国工作，反正移民是美国的立国基因。

欧盟国家属于生冷不忌，什么人都敢要，这几年中东难民涌入欧洲都不知道怎么收场呢，不过他们能解决一些欧洲的人口问题。

现在不愿意生孩子，最大的原因是房子问题，但是现在的房价高也有时代特征。

比如 80 后、90 后的人口多，买房的需求强烈，而且前两代人赶上历史进程，赚了钱需要投资，或者是用买房子来赚钱。等再过 20 年，现在的新生儿长大以后，可能每个家庭都有几套房，完全是供给大于需求。

那么可能除了“北上广”和一线省会城市以外，其他地方的房价都会出现不同程度的下跌。到那个时候，房子不是问题，年轻人的压力减轻，说不定生育率就起来了。

很多事情现在看是大问题，感觉世界末日要来了一样，可一旦拉长时间线，把当下的问题放在历史的长河中，基本上没有过不去的坎。

中国文明为什么能延续5000年？

一

公元前213年，秦始皇在咸阳宫设宴请客，君臣吃肉喝酒吹牛，非常开心，突然博士淳于越站出来说："周朝享国千年，主要原因是封功臣子弟为诸侯，有什么事可以拉一把，像您这样大权操于一人之手，连亲密战友都没有，恐怕不是长久之计啊。"

平心而论，淳于越的话没什么问题。

后来秦国各地揭竿而起，分散在郡县的武装力量，基本不能组织有效的抵抗，最终形成分崩离析的局面。如果和西汉初年一样，在关东六国故地分封诸侯国，肯定能把起义扑灭在萌芽阶段，或者说压根就没有起义了。

但是灭六国短短8年，秦始皇意气风发，根本不愿意听淳于越的话，而且丞相李斯劝他："上古三代不足以效法，学者们重新提出分封的事，不过是借古讽今，甚至是用舆论裹挟国家。不如把乱七八糟的书都烧了吧，只有如此，才能统一大秦人民的思想。”

> 臣请史官非秦记皆烧之。非博士官所职，天下敢有藏《诗》《书》、百家语者，悉诣守、尉杂烧之。有敢偶语《诗》《书》者弃市。以古非今者族。吏见知不举者与同罪。令下三十日不烧，黥为城旦。所不去者，医药卜筮种树之书。——《史记·秦始皇本纪》

秦始皇同意了。

随后的一个月里，从夏、商、周流传下来的书，大部分都被烧掉了，只在咸阳留下一套专供学者研究的书籍，以及秦国史官写的史书。至于普通黔首，敢谈论《诗经》《尚书》和诸子百家，马上抓到闹市斩首。

秦始皇为了国家长久，有自己的一套焚书逻辑，但是焚书差点断掉中国文明的根基。如果没有书籍里的知识和故事，人民的精神世界就是一片空白，那些“自古以来”的东西，又在何处?

书籍传承文明，而文明塑造国家。

秦始皇站在历史的转折点，想和以前的时代彻底割裂，按照自己的方式重振朝纲，却以简单粗暴的手段，几乎毁了大秦。他发出多大的力道，就要受到多少反作用力，从没有人能跳出历史的规律，求仁真的未必得仁。

不过秦始皇没有走极端，起码给中国文明留了一套备份。

直到7年后，项羽带着40万诸侯大军进入咸阳，不仅屠了秦国王室，还放一把大火烧了咸阳，秦始皇复制的700多座六国宫殿、70万人劳动尚未建成的阿房宫、中国仅存的一整套书籍，全部付之一炬。

居数日，项羽引兵西屠咸阳，杀秦降王子婴，烧秦宫室，火三月不灭；收其货宝妇女而东。——《史记·项羽本纪》

项羽望着三月不熄的大火，感觉非常解恨。

他才 26 岁，刚把头发梳成大人的模样，就有破敌灭国的成就，怎么可能不骄傲？可项羽的骄傲，让中国文明再次遭受劫难，和秦始皇焚书不同的是，这次再也没有备份了，那个已经成体系的中国文明，在咸阳的大火里烟消云散。

可以说，2200 年前的中国，第一次处于最危险的时刻，稍有不慎，中国文明便彻底断代了。

没有辉煌历史和伟大文明的国家，又如何让人发自内心地骄傲？

二

万物皆有裂痕，那是光照进来的地方。

2200 年前的书是奢侈品，很多学问高深的人，一辈子也只能读几本书，和现在畅销书烂大街的时代完全不是一个概念。于是在秦始皇焚书的时候，很多学者舍不得烧掉视若生命的书籍，便冒着生命危险藏书。

虽然一不小心就被斩首，但他们还是做了，在他们看来，书比命重要。

秦国博士伏生利用职务之便，把竹简写的《尚书》装满一车，带回山东济南故乡，藏在房间的墙壁里，等待将来重见天日。

4 年后，陈胜喊出“王侯将相，宁有种乎”的口号，天下大乱，齐国田氏的人起兵复国，自封为王侯将相，乱成一团。随后项羽分封诸侯，第一个起兵反叛项羽的，也是齐国田氏，于是项羽挥师北上血洗齐国，放火烧城池房屋，甚至坑杀降卒。

（项羽）遂北烧夷齐城郭室屋，皆坑田荣降卒，系虏其老弱妇女。徇齐至北海，多所残灭。齐人相聚而叛之。——《史记·项羽本纪》

不知项羽是不是命里缺火，怎么到哪儿都要放火……

在这场乱世里，齐国是重灾区，伏生在故乡活不下去，便带着老婆孩子到处流浪，躲避一场又一场的兵灾。等刘邦平定天下，山东先后成为韩信、刘肥的封国，伏生才回到故乡。

公元前191年，汉惠帝废除秦始皇颁布的“敢有挟书者族”的命令，允许民间自由传播《诗经》《尚书》等典籍，这才给中国文明的传承打开一条缝隙。

短短22年时间，早已物是人非。

伏生扒开曾经藏书的墙壁，发现大部分竹简都坏了，要么被老鼠和虫子啃噬，要么自然腐败，那些写在竹简上的文章，也拼凑不起来了。

伏生苦心孤诣地整理，才抢回29篇文章，这就是流传到现在的《尚书》底本。

秦时焚书，伏生壁藏之。其后兵大起，流亡，汉定，伏生求其书，亡数十篇，独得二十九篇，即以教于齐鲁之间。——《史记·儒林列传》

当时中国各地都有伏生一样的人，他们从地窖、墙壁、荒野、祖坟里，翻出埋藏多年的竹简，重新整理出残缺的典籍。虽然大部分都找不到了，但有总比没有强，要是再过 20 年，伏生这代人都去世了，再也没人记得竹简藏在何处，中国文明才真的断了。

我们之前说秦始皇差点毁了中国，就差在这一点，好在仁弱的汉惠帝和护书如命的伏生等学者，帮中国接上了差点断掉的文明脉络。

天下太平，自然要追求文治。

当初刘邦入咸阳的时候，很多将领直接跑到秦宫搂美女喝美酒逍遥度日，趁机捞好处，樊哙和张良怎么劝都没用。唯有萧何不喜欢财富，反而命令士兵封存秦国府库，抢到秦国用 100 多年积累的户口、田亩、政令等文书档案。以后几年时间，萧何带着这批档案南下汉中，接着又回到关中。

汉朝平定天下以后，萧何给刘邦营造未央宫，顺便在未央宫附近建造石渠阁，用来存放秦国的文书档案，其实这就是个初级图书馆。

伏生回乡、萧何造石渠阁陆续进行，汉朝政府也开始广开献书之路，号召家里还有藏书的学者，抄一份给朝廷，或者直接到长安讲学。这件事从汉文帝、汉景帝、汉武帝到汉成帝一直在做，持续近 200 年，而汉朝政府收集来的藏书，就放在未央宫旁边的石渠阁。

汉朝君臣在石渠阁讲经论道，谈论治国政策和学术，而且司马迁写《史记》，也是读遍石渠阁藏书才写的，可以说，是石渠阁成就了汉朝的文治武功。

经过近 200 年藏书，石渠阁的典籍堆积如山，中国文明才稍微恢复元气。但是有些东西，永远消失在项王的烟火里，再也找不到了。

三

随后千年，中国文明始终在毁灭、重聚的轮回中曲折前进。

西汉末年王莽篡位，起义军攻入长安，汉朝用 200 年恢复的石渠阁典籍，基本毁于战火。东汉用 200 年时间重新恢复典籍，又在三国前夕、董卓迁都长安的时候，和洛阳城一起烧毁。那些流落民间的布帛书籍，也被军人抢走做成布包，用来装零碎东西。

曹操扫平中原，重新整理典籍。他知道学者蔡邕藏书很多，女儿蔡文姬肯定知道不少，便在赎回蔡文姬之后，让她把读过的书写出来。蔡文姬告诉曹操，蔡邕确实留下 4000 卷书，但是都丢了，现在只记得 400 卷。

曹操也没办法，那就写下来吧。

经过曹魏和西晋的整理，中国典籍恢复到 3 万卷，但是西晋末年，这些书又毁了，东晋迁都江南，只剩下 3000 卷。

南北朝的时候，别看南朝四国的武力不行，文治却非常繁荣。经过百年重新收集，谢灵运写了《四部目录》，共记录典籍 65000 卷，到梁元帝时国家藏书 14 万卷，可谓前无古人。然而侯景造反杀入建康城，只剩下 4000 卷。

北方经过混乱年代之后，有了稳定的政权，也开始重聚典籍恢复文明，隋炀帝时代达到 37 万卷书。倒不是中国的书突然变多了，而是隋炀帝担心典籍失散，每部典籍写了 50 个副本。

但是隋炀帝的苦心，被隋末乱世给毁了，只留下洛阳的 8 万卷。

就这 8 万卷也没保住。

李世民在“虎牢之战”后攻克洛阳，准备用船把 8 万卷书运回长安，却在河里触碰暗礁，这些书好多翻到河里去了，留存下来的不足 20%。李世民登基，唐朝进入上升阶段，魏徵等人开始收拢典籍，要么从民间买书，要么请学者背诵，到唐玄宗开元年间，恢复到 52000 卷。

接着就是安史之乱，散亡殆尽。

晚唐重新收集到 56000 卷，这些书在黄巢之乱的时候，和长安城一起毁于战火。《旧唐书》里的记载非常凄惨："尺简无存""所传无几""平时载籍世莫得闻"。

此后北宋重新收集，很多毁于"靖康之耻"，南宋文明恢复，这些书又毁于蒙古入侵。从秦始皇焚书到蒙古入侵，明朝胡应麟称为"十厄"。

国兴书聚，国亡书散，中国文明的命运基本如此。

承载中国文明的典籍不断消散，却又不断重聚，很多典籍都消失不见了，但那些中国文明的核心，如《论语》《孟子》《史记》《汉书》等典籍，却经过无数劫难，最终流传下来。

历经三灾九劫，中国文明历久弥坚。

时间进入明朝，朱棣作为中国历史上第一个造反成功的藩王，决定做出前无古人的业绩来"洗白"自己，便想修一部巨著造福万代。他命令解缙主持编纂一部大典，要求是包括上古以来的经史子集等著作。总之一句话，把中国能找出来的书都编进去，保存中国文明。

经过 4 年的努力奋斗、3000 名学者的编纂，这部书终于在 1407 年定稿，朱棣赐名为《永乐大典》。《永乐大典》共 22877 卷，11095 册，汇集古今图书七八千种，可以说是明朝以前的文明总结。

朱棣估计，只要中国有《永乐大典》，文明就不会断了。就算遇到兵荒灾祸，还能把《永乐大典》毁了不成?

朱棣想得太简单了。

中国历史上毁掉的典籍近百万卷，可能一场大火，就能毁掉一个王朝几百年的努力，中国文明无数次走在毁灭断代的边缘，能连续不断地走到明朝，已经是天佑中国了。

区区一部书，在历史的洪流面前又算什么?

而且《永乐大典》还有一个致命的问题，就是只有一部“永乐正本”，没有任何备份，稍微出现意外，朱棣和 3000 名学者的心血便付诸东流。

直到嘉靖末年，高拱和张居正才选出 109 名写手，开始抄录副本，足足用了 5 年时间，《永乐大典》才抄录完毕。

但是后来《永乐大典》的正本突然消失了，有人说是给嘉靖陪葬了，顾炎武说是全部丢了，到底怎么回事，现在都没人能搞明白。等什么时候开启嘉靖皇帝的永陵，说不定才能知道事情的真相。

而副本也在不断丢失，到清朝乾隆年间，只剩下 8000 多册，另外 3000 多册已经找不到了。

1772 年，安徽学政朱筠上书乾隆皇帝，请求搜集整理丢失的《永乐大典》，用学术界的话说就是辑佚。

乾隆皇帝正处于“盛世”阶段，没理由不同意。于是乾隆皇帝下令，将辑佚的书与各省所采武英殿所有官刻诸书，统统汇编到一起，赐名为《四库全书》。

20 年后，《四库全书》完成，共收录书 3460 种，79000 多卷，36000 册，共分为经、史、子、集四部，是中国有史以来最丰富、最完备的大典，属于中国文明的集大成者。

很多人觉得，编纂《四库全书》的时候毁掉 70000 卷书，而且还在书里修改史料，根本没什么可吹的。

其实这件事也要分开来说。

乾隆皇帝确实修改了很多史料，也毁掉了很多书，这是板上钉钉的污点，他跳进黄河也洗不清。但是《永乐大典》流传到光绪年间，只剩下可怜的800册,很多典籍都失传了,如果没有《四库全书》的话，中国文明就是散乱的、没有主线的，再加上处于侵略者入侵的年代，很多东西就接不起来了。

乾隆皇帝和《四库全书》确实有问题，但有书总比没有强。

《四库全书》完成以后，乾隆皇帝命令建立紫禁城文渊阁、沈阳文溯阁、圆明园文源阁、承德文津阁、扬州文汇阁、镇江文宗阁和杭州文澜阁，分别珍藏这套大书。

至此，中国文明有了7份。

四

在治乱循环的古代中国，除了国家定期整理恢复典籍，民间藏书也特别流行,正是一代又一代的“伏生”在朝廷之外保存了中国的文明。

到了清朝末年，中国有四大藏书楼：海源阁、皕宋楼、铁琴铜剑楼、八千卷楼。

海源阁源自钱谦益的绛云楼，后来绛云楼失火，剩下的书被述古阁和汲古堂收藏，进入清朝又归于徐、季两家，再往后归于乐善堂，乐善堂主人犯案被杀,藏书大部归于海源阁。其中宋元珍本有464部，明清本3216种，总藏书20万卷。

皕宋楼兴起于同治年间，收集了十几家破产藏书家的藏品，数十年积累了15万卷书。

铁琴铜剑楼源自清朝初年。黄丕烈等藏书家破产后，书籍大部分被艺芸书舍收走，清末太平天国和捻军起义，艺芸书舍破产，藏书一部分归于海源阁，一部分归于铁琴铜剑楼。此外又收了“宋元珍本甲于吴中”的恬裕斋，铁琴铜剑楼的藏书达数十万册，足以和海源阁分庭抗礼。

八千卷楼是最传奇的。

太平天国攻杭州的时候，文渊阁的藏书流落民间，藏书家丁丙、丁申兄弟抄底买书，基本买到文渊阁的精华藏书，其中就有 8000 册《四库全书》。眼看文渊阁的《四库全书》要毁了，怎么办呢?

丁氏兄弟开始补书。

他们家是杭州土豪，本来就收藏了天一阁、绛云楼、艺芸书舍等数十家藏品，家中藏书无数，比《四库全书》收集的典籍都多。于是在文渊阁重建之后，丁氏兄弟按照《四库全书》的目录，用 7 年时间，基本恢复了文渊阁《四库全书》的原貌。

此后丁氏兄弟在八千卷楼之外，另外建了后八千卷楼、小八千卷楼，其一藏《四库全书》收录的书，其一藏《四库全书》没有收录的书，其一藏宋元明的珍本、善本。三座八千卷楼，藏书超过 20 万卷。

中国文明典籍传到清末，和朝廷恢复典籍一样，已经出现越来越集中的趋势，这四座藏书楼几乎收藏了最精华的部分。

那这数十万卷书最后都去哪里了?

其实都归公了。

清末民国战火重燃，再加上洋人侵略中国，导致中国的小农经济破产，以土地为经济基础的地主，几乎都没有实力继续藏书了。

1907 年，皕宋楼的陆家破产，藏书以 10 万元的价格，卖给日本财阀，当时的人都骂陆家子孙是败家子。有了这个教训，不仅国家政府开始收购私人藏书，民间藏书家们也愿意卖给国家。不为别的，能维持生活又保存文明，何乐而不为？

在这种大背景下，包括四大藏书楼在内的民间藏书，开始向国家图书馆汇聚。

海源阁的藏书经过几次劫难，一部分卖给北京图书馆（现中国国家图书馆），一部分捐给山东图书馆，还有一部分被国民党政府带到了台湾。

1907 年，两江总督端方成立江南图书馆（现南京图书馆），为了防止古籍外流，把八千卷楼的藏书全部买来，藏入公立的江南图书馆。

铁琴铜剑楼的藏书散落不少，剩下的全部进入北京图书馆。

这四大藏书楼的书，凡是有条件的，都归国家了。

而其他藏书丰富的学者，或卖或捐，基本也都归于国家所有。

1919 年梁鼎芬去世，其子捐献 600 箱书给广东省立图书馆。1929 年梁启超去世，4 万册书永远寄存北京图书馆。

1949 年傅增湘去世，双鉴楼藏书捐赠北京图书馆、四川大学图书馆。

1951 年潘世兹从香港运回家传的宋版珍本，捐献给北京图书馆。

其他如天一阁、嘉业堂、玉海楼、五桂楼等私人藏书楼，都在新中国成立后，将不少私家藏书捐献给了国家图书馆。

百川归海，万卷归国。

自秦始皇和项羽焚书起，承载中国文明的典籍，经过 2200 年不断毁灭重聚，终于在官方层面以《四库全书》的形式总结，民间层面以捐献归公的结局落下帷幕。

五

全世界都有一个疑问：中国文明为什么能够延续 5000 年，从来没有间断过？

其实中国文明面临很多次劫难，每次都是命悬一线，稍有不慎便会文明中断，从此不知祖先的丰功伟绩，也不知道自己从何处而来，和印度同病相怜。

但中国有一个优秀传统：珍惜典籍。

不论是历朝历代不断重修经典，还是伏生等学者以死护书，或者明清地主私人藏书数十万卷，都在最大限度上保存了中国典籍。不管他们各自有什么目的，起码中国文明的载体是守护住了。

只要其中有人偷懒，中国就不是现在的中国，可他们历经数千年，却不约而同地做出相同的选择。

这就是烙印在中国人骨子里的基因：书在，人在，国就在。

哪怕是国破家亡，哪怕是神州陆沉，只要有一个人、一本书，这个国家就没有亡。而这些典籍流传至今，我们才能知道自己来自何处，未来将去向何方。

正是伏生、曹操、蔡文姬、谢灵运、李世民、朱棣和丁氏兄弟等无数护书人的努力，才成就了中国文明 5000 年不朽，并且将继续传承下去。

中国为什么不只是国家，更是一种文明？

一

司马迁在《史记·五帝本纪》里，开篇就是一段冷峻的描述：

> 轩辕之时，神农氏世衰。诸侯相侵伐，暴虐百姓，而神农氏弗能征。于是轩辕乃习用干戈，以征不享，诸侯咸来宾从。……以与炎帝战于阪泉之野，三战，然后得其志。蚩尤作乱，不用帝命。于是黄帝乃征师诸侯，与蚩尤战于涿鹿之野，遂禽杀蚩尤。而诸侯咸尊轩辕为天子，代神农氏，是为黄帝。

尽管司马迁的笔调平淡，但这个故事的背后，却是尸山血海，不知多少部落消散于时光深处。

那些在战争中残存的部落，也彻底失去独立性，成为黄帝大旗下的一员，就连炎帝都不能幸免，被黄帝部落兼并。

这是中国文明的开端，也是中国大一统的萌芽。

当然，黄帝能做天降猛男不是巧合，而是中国的地理成就了黄帝的事业。

看看几个地名就明白了，他们征战的地方是华北平原，也就是河南、河北、山东和山西，那些地方以平原为主，即便有一些高山大河，也不属于天险。

这种地理环境，非常适合人类大规模流动，当然也适合出兵作战和日常管理。在交通基本靠走的年代，一条平坦的路太重要了，稍微恶劣一点的地理环境，就能打消人类的一切妄念。

所以欧洲那种四仰八叉的地方，很难在生产力不发达的年代，出现大型政权。虽然后来冒出一个罗马，但在罗马分裂之后，地理因素导致重新统一的难度非常大。

而黄帝征战的结果，便是大规模的部落融合。

比如番茄部落在河南谋生，某次作战败给追随黄帝的西瓜部落，自然成为西瓜部落的奴隶。比如山东的煎饼部落，原本跟着炎帝混，后来被黄帝股改兼并，顺其自然就做了黄帝的部下，以后可以用联姻的方式，和南瓜部落越走越近。

这两种方式都是部落融合，几百年后，终于形成华夏族。

一块平坦的土地、一个融合的族群、一个世代传承的统治家族，这就是在世界搏杀的游戏里，中国得到的开局神装。从此以后，中原先民点亮种地和组织的种族天赋，像滚雪球一样越来越大，对周边的散装部落形成降维打击。

其实中国更讲究文化共同体的概念。

二

中国的文化共同体来自秦皇汉武。

按照《史记·秦始皇本纪》的说法：

> 分天下以为三十六郡，郡置守、尉、监。更名民曰黔首。……收天下兵，聚之咸阳，销以为钟鐻，金人十二，重各千石，置宫廷中。一法度衡石丈尺。车同轨，书同文字。地东至海暨朝鲜，西至临洮、羌中，南至北向户，北据河为塞，并阴山至辽东。

简单说就是车同轨、书同文、统一度量衡，并且在长城以南，建立起完整的国家机器。

秦始皇把黄帝以来三千年积累的人口、土地、文化和技术，统统打包到一个筐里，以后不管是刮风下雨还是电闪雷鸣，都要在这个筐里活动。

生在中国，死也在中国。

只要承认自己是中国人，就不能有闹分裂的想法。在秦始皇的年代，这是从来没人做过的大事业，虽然很多人不认同，但秦始皇依然横下一条心做了。

这还不是秦始皇最厉害的地方。

秦始皇最厉害的地方在于，他给后人树立了统一的模板，让不明觉厉的人知道“这也行”。而中国人看到统一的可行性，对于国家的心理阈值，肯定提高了嘛。

以后不管中国乱成什么样子，总是不由自主地向统一靠拢，分裂势力越来越不得人心。

但秦始皇的手段太硬，最终玩崩了。经过汉朝几十年的休养生息之后，汉武帝取出“独尊儒术”的秘籍，给秦始皇打造的国家机器戴上口罩。

从此以后，国家和人民不是对立关系，而是互相合作的关系。

比如，秦始皇说百姓就是奴隶，让你干什么就干什么。汉武帝以后的皇帝不会这么生硬，而是说国家是为了百姓过好日子，你们老百姓也要配合呀。这么一说，是不是心里舒服多了？

而且这套儒家学说，不是皇帝们藏在被窝里看，而是流传到大江南北，尽可能让天下人都来学习，并且做了考试教材。以中国人的脾性，但凡什么东西变成考试教材，很快就从杀马特升级为翩翩佳公子了。

这种国家机器和儒家学说的结合，给了中国人一个共同体的概念。

试想一下，方圆万里的土地上生活着几千万人，他们说相同的话、读相同的书、做相同的事、有相同的敌人、信奉相同的价值观，这能凝聚起多么强大的力量。

做过管理的人都知道，想团结几个人的小组都很难，把几百人的公司拧成一股绳更难，何况几千万人的国家呢？

除了中国，这在世界其他地方是无法想象的。

我们已经习惯了，欧洲人却想破脑袋也想不明白。因为他们的祖先没有经历过，也就没有任何精神记忆的传承，根本不能感同身受。

而这种精神记忆永远在中国人的脑海里。

哪怕国破家亡，幸存的人但凡有一点机会，都会站出来，尝试复兴这个国家。

这就是中国两千年不灭的底气。

三

中国人不信鬼神，但是信祖宗。

这是周朝留下的遗产,关于以复兴周礼为小目标的孔子有一句话，“子不语怪力乱神”。意思是，你可以信鬼神，但要留个心眼，别被忽悠瘸了。

既然美好生活不是上帝恩赐的，那就是自己干出来的，而且能有一点成绩，还是祖宗积德保佑。所以中国人特别讲究传承。

历代皇帝经常说，不好好工作，怎么对得起列祖列宗啊?

普通人犯错以后，感觉死后没脸见先人，做出成绩之后的想法，也是幸亏祖宗保佑没给先人丢脸。

现在的学生考试成绩不好，心理活动是什么？肯定是“哎呀，对不起父母栽培”吧。

这就是中国人骨子里“敬天法祖”的基因。

西方人信上帝恩赐，中国人相信祖宗积德，更相信自己亲手创造。

那些大家族和名人，都在标榜自己的历史多么悠久，现在发家致富的人们，心心念念的也是修族谱，本质上都是对祖宗和传承的致敬。

每个中国人如此，由中国人组成的国家当然也是如此。

把“敬天法祖”的理念放大到国家层面，便是重视历史。

历代王朝最重要的大事是修史，当然不是朝廷君臣闲得无聊，而是修史代表继承前朝法统，告诉祖宗和人民，以后本朝才是正统。每个朝代修一两部史书，一部“二十四史”，就是连绵不绝的中国。

所以中国王朝的使命不是另起炉灶，而是接过自黄帝以来的法统，守护中国的人口、土地和文化。从来没有哪个王朝，敢说和前朝没有任何关系，如果谁敢说这种话，马上就有人质问：

“请问国家的制度和文化是从哪儿来的，你的祖宗是从哪里来的？”

怎么回答？

根本没法回答。

中国的源头是炎黄，你的一切都是炎黄传承下来的，请问你怎么另起炉灶，要是不承认就是历史断代，很多事情说不清楚。

梁启超嫌弃中国没有人民的历史，吐槽中国二十四史是二十四姓之家谱，但是反过来看，有，总比没有强。

西方学者说，欧洲国家都有一个明确的起源，唯独中国没有。其实这句话不对，欧洲国家的历史比较短，国家起源有明确记载，而中国的源头在炎黄时代，属于“自古以来”。

正因为这种“继承”的属性，中国的王朝，潜意识里给自己的使命便是：不能对不起祖宗。

这就是我们的文明。

这就是我们的国家。

四

中国以前不重视民族的概念，直到近代，人们才明白民族的重要性。

前些年有人想以此证明中国落后，不知他们有没有想过，中国虽不总讲民族的概念，但中国讲究“天下”二字，“天下”才是中国最核心的理念。

什么是天下？

《史记·五帝本纪》里的“日月所照，风雨所至，莫不从服”，《诗经》里的“普天之下莫非王土，率土之滨莫非王臣”。

这就是天下。

只要没越过大气层，地球上的每一寸土地，都属于天下。

西方的民族主义有明确的边界，就是相同血缘和来源的族群，属于一个民族，而一个民族可以成立一个国家。民族国家之间，彼此井水不犯河水，谁都别来烦我，更不要说什么统一欧洲的话。如果谁想灭了我，那得问问我手里 40 米的大刀答应不答应。

欧洲的民族主义，给每个国家和民族划定界限，可以保护自己，但也给自己画了一个牢笼。近代欧洲的征服战争、欧洲不团结、欧盟始终不能成为政治实体，其实都和民族主义有关系。

而中国的“天下”是没有边界的。

不管你来自什么族群、什么肤色、出生在什么地方，只要信奉中国“仁义孝悌”“爱国爱家”的价值观，中国都欢迎你。什么时候不信奉中国的价值观了，哪怕你有中国的户口，也在精神上被开除国籍了。

韩愈在《原道》里说的：孔子之作《春秋》也，诸侯用夷礼则夷之，进于中国则中国之。其实就是这个道理。

这种不设边界的天下理念，才是中国同化能力强大的根源。

即便国破、家亡、人口锐减，只要这套价值观在人们的心里，迟早会吸引更多认同它的人，然后重新崛起。

举个例子。

马斯克不是搞了一个记忆储存嘛，把人类记忆上传到云平台，做到间接永生。欧美国家就是没有上传记忆的肉体，而中国把记忆上传到云平台，用哪一个肉体都无所谓。

国号可以是秦、汉，也可以是唐、宋，使用记忆的可以是东北老铁，也可以是江南妹子。

这种记忆就叫文明。

中国从来不只是一个国家，更是一种文明。

欧洲系国家想征服人心，总是需要一种主义，比如自由主义、民族主义、资本主义，什么时候主义幻灭了，国家也就坍塌了。

美国用资本主义做立国之本，将来资本主义价值观崩溃，美国一定衰亡。

中国自古以来就信奉“仁爱孝悌、爱国爱家”，这种人类内心最朴素的东西，反而不受条条框框的限制，是人类社会的最大公约数。

这种最朴素的价值观 + 不设边界的天下理念，数千年来同化了无数周边蛮族，中国不仅没有灭国，反而越来越强大。

不设边界是最大的边界。

这就是《庄子·大宗师》里的：藏天下于天下。

天下无边无际，中国文明把自己化为天下，请问，哪个国家能消灭中国文明?

唯有如此，中国才能永远存在。

五

西方的民族主义，对于他们来说很正常，因为他们就是那样的国家嘛。

他们根本不懂中国。

中国有炎黄传承的法统、有秦皇汉武打造的精神记忆共同体、有历代先贤不断传承至今的国家、有“天下”理念和仁孝价值观……这些东西共同构成独一无二的中国，根本不是西方的民族主义能衡量的。

所以说，中国和欧美国家是两套完全不同的文明体系。

欧美是国家发生文明，中国是文明诞生国家。

中国决不能亦步亦趋，什么都以欧美国家为标准。

我们有五千年的文明，这点自信，我们有。

贵人为什么要帮你？

一

以前认识一个退伍回家的大哥，有次聊起一个话题：最厉害的人是什么样子。我和其他朋友说了几个观点，但都不能服众。

最后退伍大哥说话了："想收手就收手的人最厉害，比如你去赌博，哪怕只赢了一毛钱也能克制继续赌的欲望，见好就收，这才是最厉害的。"

我们几个小伙伴听了，纷纷表示服气，大哥就是大哥。

现在看这句话，属于鸡汤文学的常用套路，但是十几年前却给我很大的震撼，让我幼小的心灵久久不能平静。从那以后就知道了，不管做什么事情，一定要及时止损，想收手就得能收手。十几年来，我实践得还不错，有什么不顺利的事情，赶紧割肉逃生，基本上没栽过大跟头。

这句话给我的人生设置了保险杠，虽然和退伍大哥已经失去联系，但我依然觉得，那大哥是我的贵人。

有时候我也在想，那些历史书里的主角，为什么走的每一步都有贵人相助？

比如泗水亭长刘邦，到酒席上混吃混喝，结果被吕大爷看中，不仅没把他轰出门外，反而送了一个黄花闺女做老婆。曹操年轻时渣得要死，桥玄却说，平定乱世的非你莫属啊。北齐神武帝高欢是要啥没啥的穷小子，出门走了一圈，被白富美娄昭君发现，发誓非高欢不嫁，从此高欢有了起家的资本。

如果说他们的开挂人生，纯属运气爆棚，我是不相信的。

运气可能一时有用，但不能让人顺利一辈子，除了运气以外，那些人物肯定有什么过人之处，只是被刻意隐藏起来了。经过多年思考，再加上自己“从来没捡过 5 块钱”的惨痛经历，对于贵人相助的问题，也算有了一点想法。

在这里就和大家交流一下，希望大家也能遇到贵人相助，进入人生的上升通道。

二

想要别人帮助，你必须有一点特长。

这里说的特长，能力出众肯定是其中的一种，但能力需要在事业中表现出来，一文不名的年轻人哪来的事业？即便你在业内做得不错，跨行业的大佬也未必懂啊。

所以特长也可以是其他方面的东西，比如胆大包天、思维缜密、气质出众等，甚至是语文、数学的成绩特别优秀，这些都能得到别人的关注。

大家在学校的时候，肯定见过老师对某个学生特别偏心吧，这其实很正常。虽然老师是园丁，但对于极个别出众的学生，肯定偏爱多一点，那么分给其他人的自然就少一点。

能量守恒定律，永远是存在的。

汉高祖刘邦是草根逆袭的典型，那他有什么特长呢？

据司马迁的说法，刘邦的特长就是心大。

那时吕大爷在故乡和人结仇，因为和沛县县令是朋友，便举家搬迁到沛县谋生。沛县的乡绅豪族听说县令有客人，赶紧上门巴结，给足县令面子。

客人来得太多，便要办酒席。司仪萧何定了一条规矩，份子钱不满一千钱，只能坐在大堂下面。所有人都量力而行，按照萧何的规矩坐下吃饭，毕竟此行的目的是在礼单上留下名字，让县令知道我来了，吃饭不是最重要的。能随手出一千钱的，谁家缺大米？

结果刘邦来了以后，浑身一个铜板都没有，却随口说一句“贺钱万”，吕大爷听到有人送了一万钱份子钱，惊呆了，赶紧出门相迎。

事情走到这里，并没什么特别的地方，能出一万钱的人不多，但也不是没有，无非是铜臭十足的土豪而已。

很快，吕大爷发现刘邦的不同之处了。

萧何告诉吕大爷：“刘邦是个大骗子，根本没有一万钱，您千万别太当真。”刘邦也无所谓，反正到了大堂，那就该吃吃该喝喝呗，甚至趁着酒劲欺负别人，到处开玩笑。别人都在想，当着县令和吕大爷的面，怎么不要脸呢？万一留下不好的印象，这次不是白来了？刘邦不在乎，我开心就行，管他什么大爷呢。

随后便是吕大爷说话了：“老刘，你要老婆不要，只要你开金口，我马上给你送来。”

刘邦：“那你就送来吧。”

按照司马迁的说法，吕大爷懂相面，发现刘邦“隆准而龙颜”的贵人相貌，才把女儿许配给他，但我觉得是为尊者讳。高鼻梁的男人太多了，不可能都是贵人相貌吧？事实上，吕大爷看重刘邦的地方，正是这份“满不在乎”的气度。

换位思考一下，公司董事长请员工吃饭，大家都紧张得要死，看到想吃的菜也不敢转桌子，这时候有个员工来了，在董事长的旁边加一副碗筷，吃饭喝酒嗨到飞起，并且和董事长讲各种段子，引导酒席的气氛走向高潮，最后宾主尽欢各回各家。如果你见到这种人，是不是也觉得：此人不简单。

对，这种气质就是刘邦的特长。

所谓特长，就是和其他人不一样的地方，只有和其他人不一样，你才是特立独行的你。大部分人都是没有棱角的普通人，但凡你有出类拔萃的地方，就能很快提升曝光率，有了曝光率，得到贵人相助的概率是不是就大一点？

换句话说，想得到额外的资源，你得想办法把自己推销出去。

对于小人物来说，最直接的办法就是提升某项特长，在特定领域超越其他人，给自己打造一个向上进阶的平台。这样一来，大佬就很容易发现你了。

如果没有贵人相助，根本原因不是人家没有眼光，实在是你自己太普通了，以至于人家都找不到欣赏你的地方。

既然找不到欣赏你的地方，那人家为什么要帮助你？做一件没有任何结果的事情，恐怕没人愿意吧。就像你不会教乞丐微积分一样，虽然乞丐也有学习进步的心思，但你知道，教他微积分是没有结果的。

从这个角度也能说明一个问题，为什么颜值高的俊男靓女，在求职和竞争方面有优势？因为高颜值就是他们自带的天赋，别人根本没办法超越。

总之就是一句话，向上走的每条路都拒绝平庸。

三

有特长的人容易得到贵人相助，那贵人为什么要仗义相助呢，或者说贵人帮你到底图什么？要知道大家都很忙的。

其实原因也简单：价值投资。

大佬帮助年轻人，自然也不是无缘无故的爱，而是为了获得丰厚的收益呀。

他们给你指点迷津，给钱、给物资，甚至直接把女儿嫁给你，潜意识里就认为，帮助这个年轻人，以后有极大可能获利丰厚。

所以想得到贵人相助，你得有一定的潜力，让大佬相信，此人以后一定能做成事，只是需要人推一把而已。

还是用刘邦来举例。

吕大爷收刘邦做女婿，当然是看重他的独特气质，但只有独特气质远远不够。有特长和与众不同，只是向上进阶的门槛，主要作用是筛选不合格的人。等迈过这道门槛以后，还要过两道关卡。

第一道关卡是职业、性格、圈子等外部因素。

刘邦是泗水亭长，属于基层公务员里的领导干部，管理十里地方，主要负责治安、抓小偷、协调邻里关系等工作。虽然都是些家常琐事，但非常考验综合能力，要是有性格腼腆、遇事不敢出头的短板，根本没法完成工作。

但是刘邦做得很好。

作为秦末的老江湖，吕大爷肯定知道，能胜任亭长职务意味着什么。最重要的是，亭长刘邦和县吏萧何的关系好，说明刘邦的圈子不局限于泗水亭，而是在整个沛县都能吃得开。这样的人，不管做什么都能成功的。

他在亭长的职位上做到极致，基本摸到了向上进阶的天花板，那么吕大爷收刘邦做女婿，用自己的资源和人脉拉一把，刘邦就能轻松突破天花板，百尺竿头更进一步，然后和吕家一起携手壮大。

这是双赢的结局，岂不美哉？

如果刘邦没有成长的潜力，在满堂乡绅豪族里，吕大爷凭什么欣赏他？要知道，沛县县令也想和吕大爷做亲家。说到底，无非是沛县县令的儿子没出息，是个坐吃山空的二世祖，而刘邦是潜力股。

所以说，有投资价值的潜力股才能遇到贵人。

第二道关卡是知恩图报。

这个很重要，对于大佬和年轻人，都是决定成败的关键因素。毕竟大佬耗费精力资源，是希望收到回报的，万一折腾半天，却培养了一头白眼狼，那不是亏大了？

所以历史上出现很多次雷同的场景。

年轻人求大佬帮忙，大佬根本不为所动，你的死活关我屁事？直到大佬遇到棘手的问题，年轻人不顾生命危险，帮大佬冲锋陷阵。大佬才明白，我对他的态度非常恶劣，年轻人却不计前嫌，厚道人啊。从此以后，年轻人终于走上快车道。

这里面的关键点在于，大佬认为年轻人厚道。

厚道说明品性优秀，帮他一点，他愿意十倍百倍地报答，而不是翅膀硬了就把投资人踹开。这样的年轻人,谁不喜欢?即便能力有限,没有大佬愿意投资事业,生活中也能交到很多朋友,有什么事,大家也愿意帮忙。因为帮助厚道人,其实就是帮助自己。说不定哪天自己走背运,也能找厚道人出力呢。

前些年互联网创业高潮的时候,很多创业的年轻人到处融资,而咖位高的投资人也说得很明白：投资,其实就是投人。一是创业者有没有成功的潜力,二是观察拿钱的人品性如何,如果两条都过关,那么融资就顺利,只要有一条不过关,就往往不欢而散。

“知恩图报”是玄学问题,没有量化的标准,非常考验投资人的眼光。

不过对于年轻人来说,有条件的话,最好做个厚道人,路才能越走越宽。那种迷信“厚黑学”的人,迟早死在自己手里。

四

“贵人相助”是一件温情的事,前面说得冷冰冰的,没有一点人情味,那有没有不功利的情况呢?

也有。

人是感情动物,再冷漠的人,也会在某个时候卸下防备,心里升起沸腾的热血。而贵人和大佬动感情的时候,便是在努力的年轻人身上看到曾经的自己。

每个走上人生巅峰的大佬,都是从年轻的小人物开始,一路披荆斩棘走过来的,当他功成名就以后,看到同样努力的年轻人,会想起自己的艰苦岁月,于是产生一种同情心。

经过几次试探，一旦发现年轻人与众不同，并且有潜力、懂得知恩图报，他愿意把自己的经验说出来，告诉年轻人，哪些弯路不能走，事情应该如何去做。

此时，他的目的已经不是投资了，而是帮助年轻时的自己，弥补自己年轻时的遗憾。

这种温情的“贵人相助”非常难得，可一旦遇上，就是年轻人的“真·福报”。

他们在精神层面产生的共鸣，完全没有功利的成分，只是希望年轻人把自己没有走完的路继续走下去。如果年轻人没有止步，那么大佬的生命也在延续。

这才是最高层次的贵人。

物质终会死去，但精神永存。

五

说了这么多，其实总结起来就一句话：想要贵人相助，先得自己争气。

但凡比周围的人强一点，就能积累到一点资源，然后逐渐打怪升级，走上人生进阶的快车道。

残酷的二八定律，在哪个领域都是通用的。与其喷二八定律不公平，不如把自己放到二八定律的框架里，让残酷的定律为自己服务。

如果实在运气不好，努力多年都遇不到贵人相助，不能飞黄腾达年入十亿，其实也没什么关系。因为你在正确的方向上，用十年的时间持续做一件事情，不可能没有成就，无非多少而已。

那么从某种意义上来说，你已经比之前的自己成功了。

到那个时候，你用多年积累的经验和阅历，随手指点一下走相同道路的年轻人，足以让他感激涕零，然后两眼巴巴地望着你："这是我的贵人啊。"

文人的使命是什么？

一

诸子百家是中国第一批顶级文科学者，从某种程度上说，他们的理论和著作，打造了中国人的精神内核，我们的思维方式和做事动机，无不从这批顶级文科学者而来。

什么是顶级文科学者，简单举几个例子。

夏朝末年君主是夏桀，平时不努力工作，不是喝酒撩妹就是欺负穷苦人民，“桀不务德而武伤百姓”，没多久便人神共愤。有个大臣劝他：“您做个人吧。”夏桀很不高兴：“我和人民的关系，就像太阳和月亮，你觉得太阳会掉下来吗？”

穷苦人民听说以后，便发出那句著名的政治宣言：“是日何时丧？予与女皆亡。”意思是，我们愿意和你同归于尽，求你快点死吧。

后来，人民和诸侯都归顺了商汤，发动一场革命战争推翻夏朝，并且把夏桀流放到鸣条。

虽然夏桀吐槽“吾悔不遂杀汤于夏台”，但是有什么用呢？得人心者得天下，谁敢让人民不痛快，人民就让他一辈子不痛快。

司马迁把这件事写进《史记》里，几千年流传下来，每当统治者不干人事的时候，大家就把这本书翻出来，指着鼻子骂统治者：“你就是桀纣之君啊。”

统治者能怎么办，改正错误呗。

记录典故给后世借鉴，就是顶级文科学者司马迁的功劳，而且他用半生写下的书，已经成为“中国从哪里来”的证据。

春秋时期，孔子和弟子们游历到叶国，叶公悄悄找到子路，问他孔子是什么样的人，有啥弱点没有。子路没说话，孔子知道便批评子路：“你为什么不说我学而不厌，诲人不倦，发愤忘食所以忘忧，不知老之将至？”

孔子的本意，是让子路在叶公面前夸奖他。

这段话被收录在《论语》里，作为古代科举的必读教科书，孔子随口说的一句话，激励了多少学子发奋图强？

《论语》里还有一句经典的：“厩焚，子退朝，曰‘伤人乎’，不问马。”

孔子做官的时候退朝回家，发现家里马厩起火，赶紧问大火有没有伤到人，根本不管马的死活。问人不问马，说明在孔子的心里，人比马更重要，马死了可以再买，无非花点钱的事，而人的性命是无价之宝。

再加上孟子说的：“民为贵，社稷次之，君为轻”，这些顶级文科学者在群星璀璨的年代，就给中国定下“以人为本”的道德标准。

而在秦国变法的商鞅，用什伍连坐、军功爵、重农抑商的手段，打造了国家机器的 1.0 版本，结果秦民大悦道不拾遗，山无盗贼家给人足。

以上几人，你觉得孔子能炼钢，孟子会做微积分，还是商鞅和司马迁能写代码？

他们都不行。

但是他们的理论和观点，早已浸润在中国人的骨子里，成为中国不可分割的一部分，甚至是中国人与生俱来的种族天赋。不管走到哪里，中国人都会不自觉地用这些理论指导自己的生活。

世界原本是一片荒漠，正是这些顶级文科学者编织的文明摇篮，载着我们走过蒙昧的岁月，以后还要走向星辰大海。

二

顶级文科学者还是指引方向的一群人。

没有方向，四肢再发达又有什么用？

民国多少有雄心、有抱负的实业家，一辈子郁郁寡欢，因为他们要么不知道中国未来的方向在哪里,要么不知道走哪条路才能救中国。于是很多实业家，在民国年间左右碰壁，成就十分有限，年轻时候说要实业报国，老年依然是国破家亡。

我们现在都知道，马列主义是救中国的唯一正确方向。

而找到这条救国路的，却是创办《新青年》的陈独秀、写出《庶民的胜利》的李大钊等中国最早的马克思主义传播者。

他们的数学、物理成绩也许不突出，但他们用人文社科的知识，给中国找到一条出路，并且告诉实业家和科学家们，中国到底要向何处去，你们要怎样做才能救中国。

所以顶级文科学者的第二个任务，就是研究理论、提出新鲜观点，讲好中国故事，给中国找到前进的方向。

理科生确实为科技强国做出贡献，但从本质上来说，“科技强国”和“为人民服务”都是文科学者的理论。

理论上找到方向了，科学技术才有奋斗的目标。

三

如果没有方向和路线的约束，技术越厉害的人，越容易作恶。

比如提炼药物制造毒品，可不是普通人能有的技术，掌握这项本领的人原本应该用技术协助缉毒警察，彻底扫除毒品的生存空间，但如果走向歧途，技术反而成了某些人害人的手段。

这些技术非常厉害的人，路线和方向错了，这难道不是作恶？

那文科优秀的人有没有作恶？

当然是有的。

古代乱世有很多卖国求荣的汉奸、为暴君粉饰太平的无耻文人，他们的文科水平，超过大部分中国人，但几乎没有把知识用在正路上，既没有努力延续中国的文明，也不愿意给中国寻找前进的方向，所作所为都是令人唾弃的事情。

北宋学者张载有句名言：为天地立心，为生民立命，为往圣继绝学，为万世开太平。

其中“为往圣继绝学”，绝不仅仅是背下先贤著作，做一个行走的书柜，更重要的是背负起文人的天然使命——对中西学问的思辨、为人民服务的政治立场，以及为中国探索前进方向的责任。

这才是时代需要的文科学者，这也是给子孙后代留下的宝贵遗产。

不要做任何人的脑残粉

一

经常有人隔空对比古代的帝王将相,比如嬴政和李世民谁是第一。

嬴政是开创中国大一统的“祖龙”,留下的“车同轨,书同文”的遗产一直使用到今天。李世民是光芒万丈的唐太宗天可汗,用短短23年时间,把唐朝推向极高峰,给后世中国人留下一个绮丽的梦。

按道理,秦始皇和唐太宗都是千古一帝,都是中国历史永远脱离不了的人物,为啥非要比谁是第一呢?

但是长期以来,关于这个问题的讨论却分成几派。

有的说嬴政开创大一统,是当之无愧的千古一帝,不承认就不是中国人。

有的说李世民是天可汗,属于带领中国走出国门的大咖,中国就需要李世民这样的人,所以李世民才是最厉害的。

还有人说朱元璋才是贫民偶像,开局一个碗,剧终一个帝国,比嬴政和李世民不知高到哪里去了。

一个不是问题的问题，硬生生被搞得“饭圈化”了。而且这个问题只是冰山一角，现在很多领域都实现饭圈化了。

娱乐圈就不用说了，粉丝给爱豆打榜的狂热劲儿，恐怕一直都难降下来。当初粉丝买5000个小灵通给李宇春投票，我以为是追星的高峰了，没想到那年才是开始。

政治领域也有。虽然说“美国灯塔”熄灭在2020年，但丝毫不影响某些人的观念，在他们的心目中，所谓“民主自由”必须是美式的民主自由。他们觉得，凡是和美国不一样的，肯定是哪里不对。

于是，这帮人围绕美国和民主自由，实现政治领域的饭圈化。

民主自由是人类精神追求的更高境界，但是各国自有国情在此，为什么一定要以美国为标准？

凡是给一种事情树立了绝对标准，并且产生绝对排外性，那不就是饭圈化吗？

不过我一直有个看法：不要做任何人的脑残粉，也不要把什么事情都饭圈化。

二

关于盲目崇拜这一点，儒生是典型。古代儒生张口闭口就是三皇五帝，在儒生的嘴里，茹毛饮血的三皇五帝时代，才是人类群星闪耀时。没生在那个时代，简直是人生大不幸。要不然就是周公和孔孟的时代，但也到此为止，再往后推就是人心不古的黑暗时代，生在这时候属于悲剧。

为什么会这样呢?

距离产生美嘛。

儒生们根本没有感受过三皇五帝的时代，很容易产生一种不切实际的幻想，进一步便把现实生活中的不如意，排遣到上古圣王的身上。

而且越古老距离越远，也就没有什么可靠的证据，来告诉后人真实的样子。

于是，朦胧感就像一个美人的背影，看不清正脸的儒生们，喜欢添油加醋地幻想，最终连自己都骗了。

其实呢，背影美人转过身来能吓死一头猪。

比如儒生们幻想出来的三皇五帝，住的是草房子，吃的是半生不熟的粗粮，穿的也是不精美的粗布衣服。

就这么个低质量的时代，崇拜它干什么?

那些在微博上讨论嬴政和李世民谁更牛的，主要也是生活在现代社会，才有闲工夫品头论足。真要是让他们穿越回去，如果是吃不饱穿不暖的黔首，他们对住在宫里锦衣玉食的皇帝，恐怕是羡慕嫉妒恨居多吧，崇拜是根本谈不上的。

很多人对美国抱有幻想，其实也是因为没有生活在美国，他们喜欢的是幻想出来的美国，以及幻想出来的民主自由。

而真正生活在美国的人，相当一部分已经放弃投票了，因为他们亲身感觉到，什么选票都是虚的，选来选去就那么几个人。那还选个鬼啊，干脆弃权算了。

所以偶像往往产生于时间和空间的另一端，一旦偶像在现实生活中露脸，大家马上发现偶像的真面目 :“原来你是这么个玩意啊，当初真是瞎了眼。”

因为你知道他是个什么货色，他能取得一点成就，基本是个人能力遇上时代风口，再加上一点运气，根本没有外界宣传得那么神乎其神。但要是他的日记本能流传下来，说不定几百年后也是神一样的人物。

说白了，还是距离产生美。

当初胡因梦是台湾第一美人，李敖爱得要死要活，好不容易抱得美人归，却发现女神也要上厕所，那种神秘的美感一下就没了。

三

认知片面也会导致这种不理智的崇拜。

当一个人对事情认知不全面的时候，往往只看到美好的阳光面，却忽略了丑陋的阴暗面。或者只看到丑陋的阴暗面，却忽略了美好的阳光面。

前一种成为脑残粉，后一种成为无脑黑。

但任何事情都是美好与丑陋并存的，根本没有单纯的好与坏，凡是把好与坏切割开的都是耍流氓。

比如最近十几年，很多人看了一些写明朝的书，就成了所谓的明粉，张口闭口说什么“天子守国门，君王死社稷”之类的话。在他们的心目中，明朝是历史上最美好的朝代，一切万恶的东西都和明朝绝缘。谁要是敢说半句明朝的坏话，不喷死不算完。

但真的全面了解明朝以后，就会发现，明朝绝对没有“粉”们说的那么好。

其他王朝有的屠戮百姓、滥杀无辜、水旱洪涝、民不聊生、官场贪污腐败等现象，明朝一个也不少。中国人骨子里的忠义、爱国、勤俭节约、抵御外侮等精神，明朝也都有。真要比起来，明朝和清朝没什么区别。

其实要破除明粉的盲目崇拜也简单,看顾诚的《明末农民战争史》足够了，偏偏明粉们不愿意扩充认知，只想守着一知半解的教条到地老天荒。

你有什么办法?

比如民国。

很多所谓的“民国粉”，其实根本不了解真实的民国，他们认知里的民国，只是上海的十里洋场、杜月笙的挥金如土、军阀姨太太的旗袍锦绣。他们从来没有认真读过民国的书，那些遍地饥荒易子而食的惨剧、民族资本被外国绞杀的无奈以及老百姓被官吏和地主欺压的血泪……关于这些，所谓的民国粉大概是不知道的。

他们看着电视剧里的十里洋场，再望着自己局促的陋室，不禁发出一声感叹：“民国真的好啊。”

这就是只看到民国的繁荣，却看不到民国的艰辛，典型的认知不全面，不了解历史也不了解现在的人。

事实上，当你真正了解一个人、一件事情、一段历史的时候，你就很难成为一个不会思考的“脑残粉”。

到那个时候你就会知道，所有成功都有迹可循，所有失败也有来龙去脉。

事情的真相，远比脑补的画面更无趣。

既然如此还粉什么，有做脑残粉的闲工夫，不如脚踏实地地做点事情，还能离偶像更近一点。

四

不过人都有慕强心理，被仰慕的强者其实就是偶像。

那么偶像到底有什么用呢？我觉得偶像存在的意义不是营造排外的饭圈，而是树立一种标杆，让粉丝可以更好地认清自己。也就是说，当你看到偶像的时候，会冒出一种感觉：这就是我想成为的人。

认清偶像也认清自己的崇拜，就不会导致饭圈行为，而是让偶像成为自己学习的目标，一点一点向偶像走过去。不像脑残粉一样站在原地一动不动，只知道喊口号。

日积月累，你也会成为脑残粉的新偶像，那些只会喊口号的脑残粉，终究是没有前途的。

烟火

历史，终究是人的历史。

研究古代的人物兴衰浮沉，相当于重演了一遍他们的人生。

每一段人生都有人间烟火的气息。

这一点人间烟火，最可贵。

绿林大侠刘邦

一

如果大家了解历史，就知道定鼎开国的领袖们，都有一段剑走偏锋的绿林游侠生涯。

比如汉高祖刘邦，年轻时仗剑千里，跑去魏国投奔信陵君，到了魏国发现信陵君已经去世多年，才回到沛县故乡。回家之后，刘邦也没有努力工作，“常有大度，不事家人生产作业”。

唐太宗李世民，不到 20 岁，“折节下士，推财养客，群盗大侠，莫不愿效死力”。

明太祖朱元璋就不用说了，端着寺庙发的讨饭碗云游四方，结识了不少绿林好汉，25 岁为躲避抓捕，直接参加了起义军，成为反抗暴政的“真·绿林英雄”。

这些人没有一个是正规大学毕业的乖宝宝。

所谓绿林，其实就是江湖，在中国的文化里，绿林豪杰和江湖侠客是一个意思，都是反抗强权、劫富济贫的猛人。

他们往往游离于主流社会之外，不被所谓的“正统”接受，属于扰乱国家治安的刺儿头，历朝历代都想用招安、围剿的办法，扑灭这股强大的反抗力量。

然而刘邦等在绿林中成长起来的领袖，往往有极强的个人能力，面对突如其来的灾难，他们能瞬间想到化解的办法，最终绝处逢生。有时家学深厚、学识过人的敌人，也不是他们的对手，即便在乱世中占据先机，最终的胜利者，一定属于在绿林中成长起来的草莽英雄。

那刘邦的绿林生涯，到底学到些什么东西呢？

我以前没有理解绿林的意思，以为绿林侠客只是敢打敢冲而已，直到有一天突然想明白了，绿林大学，归根结底都是训练大脑处理危机的肌肉记忆。

肌肉记忆指一旦肌肉受到专业训练，便可以牢记一辈子，不会轻易忘记这种状态。而且训练的次数多了，会形成一种本能或者条件反射，不需要大脑指挥，也能迅速做出最正确的动作。

对于某种状态或者某个动作，有没有肌肉记忆，就是专业和业余的区别。

刘邦的绿林生涯，正是经历了这种专业训练。

二

在说这件事之前，我们必须明白，没有经过“绿林大学”训练的业余选手，是如何处理危机的。

我们生活在太平盛世，做的事情都有明确规范。

比如刚生下来，就要按照规定接种疫苗，长大一点要上小学直到大学毕业，而在求学的20年里也是按部就班的。什么时候上什么课程、老师在课堂上讲什么内容，都是按照教育部规定安排好的，甚至学生违纪要开除，考试成绩差就不能升学等，也有明文规定，谁都不能违反。

再长大一点要求职了，你的学历能找到什么档次的工作、收入多少等，也是有一些标准的。

在规则明确的太平盛世，本科生往往干不过博士生，穷苦博士生拼不过豪门子弟，这才是太平盛世的常态。

也就是说，社会的各种确定因素，已经设计好了我们的一生，基本上不会遇到非常态的危机。

对于个人而言，最大的危机无非生老病死穷。除此之外，大部分人需要处理的危机非常少，便不可能形成处理危机的肌肉记忆。

于是有些人在遇到老婆跑了、合伙人携款而逃的危机时，瞬间就抓瞎了，完全没有想到会出现这种事情，也不知道出现危机以后，到底该如何处理，并且保证自己的利益最大化。

而在绿林江湖，以上的规章制度全部作废。

再也没有人劝你努力读书考大学，钱包被偷也不能报警，甚至在路上遇到敌人追杀，你也找不到帮手，能不能活下来全靠自己的能力。

刘邦的绿林生涯，就是这种弱肉强食的斗兽场，每天都有新的危机，稍微处理不好，就没有以后的事了。犹如走钢丝一样，他必须集中全部精力，走好前进的每一步，小心翼翼地保持平衡，才能一步一步地向终点靠近。

说这些话，一点都不是开玩笑。

刘邦是泗水亭长，属于沛县的基层领导，正常工作的时候，属下一定要听命令，对吧。但是刘邦送刑徒去骊山的路上，本应该听命令去骊山的刑徒们，感觉去了骊山都得死，大部分人在路上就跑了。

刘邦作为负责护送刑徒的亭长，面对这种非正常情况，根本止不住，一点办法都没有。这就意味着“正常工作程序”已经作废了，根本不能用以前的处理方式来处理眼前的危机。

如果处理不好，刘邦自己去了骊山就要负责任，回到沛县也犯法，横竖是个死。

怎么办呢？

刘邦的处理办法就是打破常规，既然正常的工作程序已经作废了，绝对不循规蹈矩，只有另辟蹊径，才能给自己找到一条活路。于是他对剩下的人说：“公等皆去，吾亦从此逝矣。”

你们都走吧，我不管你们了，从此以后我也要浪迹天涯了。

这么一句话，刘邦就不再是管理刑徒的泗水亭长，而是和大家一样，都是秦朝严苛法律的受害者，颇有一种“同是天涯沦落人”的感觉。

危机就此化解，“徒中壮士愿从者十余人。”刘邦降低身份改变策略，重新和刑徒们站在一起，经过斩白蛇之后，一群人隐匿在芒砀山。换句话说，刘邦在正常工作程序崩塌的时候，迅速切换到绿林江湖模式，重新建立起一套秩序。

如果这个弯子转不过来，将来龙飞九天的汉高祖刘邦，早就死在“新手村”了。

陈胜、吴广起义以后，秦朝的郡县都躁动起来，纷纷杀了秦朝派遣的官吏响应陈胜。沛县县令发现秦朝的船要沉了，准备跳船谋生，但是萧何、曹参告诉他：“你是秦吏，突然要带着沛县子弟造反，恐怕大家都不相信，谁知道你安的什么心？不如让犯法流亡在外的人回来，说不定有戏。”

在这样的历史进程下，刘邦带着几十个人，从芒砀山回来了。

但是刘邦回到沛县以后，发生了两件极其考验人的事。

第一是沛县县令反悔了，关闭城门不让刘邦进城。这个时候怎么办？人都回来了，再回芒砀山也不合适，可是县城进不去，刘邦再次陷入两难的处境，短时间内必须做出选择，才能保住性命。

刘邦的决断是给城里写信，告诉沛县的父老乡亲："天下苦秦久矣，现在天下大乱诸侯并起，你们要是和县令一起站队秦朝，将来免不了破城屠家。如果杀了县令打开城门，就是站队诸侯，以后才能幸福安康。"随后把信绑在箭头上射进城里。

刘邦的这封信，本质上是把自己放在起义诸侯的一边，再利用"天下苦秦"的舆论鼓动人心，让沛县的父老乡亲选边站。

结果不用多说，刘邦赌赢了，顺利进城。

政治就是这么残酷，要么生，要么死，稍微有一点犹豫不决，自己、家族和部属都会遭遇生命危险。必须迅速分析局势，然后迅速做出决断，才有一线生机。

这就是绿林江湖。

刘邦这种在绿林中生存多年的人，可能遇到的每件事都是希望，而每件事的背后也隐藏着危机，如何引导事情的走向，并且消除隐藏的危机，属于生存的必修科目。

经过多年的高强度训练，他对危机有非同寻常的感知力，并且积累了应对危机的无数工具，这就让大脑形成处理危机的肌肉记忆。

这才是刘邦最强的能力。

而依靠家世和别人拥戴重新崛起的六国贵族，由于遭遇绝境的机会不多，也没有经过各种危机的训练，在天下大乱的年代，更像是刚出象牙塔的傻白甜，属于争天下的业余选手。

毕竟对危机的分析、判断和感知力，再优秀的血统和教育也教不了，只有亲自走入绿林江湖，才能真正感受到。

类似于很多人都知道健身动作，却没有一身雄壮的肌肉，因为肌肉是日复一日磨炼出来的。

所以秦末乱世崛起的六国贵族们，最终让位给刘邦、项羽、英布和彭越之类的“专业运动员”，而项羽、英布和彭越等处理危机的“轻量级选手”，最终被“重量级世界冠军”刘邦给收拾了。

对于刘邦来说，用这种能力来处理危机，已经有了“肌肉记忆”。那种感觉就像孔子说的，随心所欲，不逾矩。

三

如果只有处理危机的能力，哪怕能力再高，剑客最多也只能成为土匪，军人只能成为军阀，政客的上限则是项羽、英布似的乱世枭雄。他们都成不了平定天下的开国皇帝。

绿林大侠必有精神追求，大政治家必有情怀，事实上任何事业能做到极致，最终的推动力一定是情怀和理想。

司马迁在《史记·游侠列传》里下过一个定义：今游侠，其行虽不轨于正义，然其言必信，其行必果，已诺必诚，不爱其躯，赴士之厄困，既已存亡死生矣。而不矜其能，羞伐其德，盖亦有足多者焉。

意思就是，现在的游侠啊，虽然主流社会不太认可，但他们的承诺一定能做到，而且为了扶危济困，不惜亲自犯险。最后事情做成了，也不会到处宣扬功劳。

总结起来就是四点——不怕牺牲、扶危济困、说到做到、功成不必在我。

《史记》中蕴含了中国最基本的文化底蕴，而司马迁的很多观点，也早已浸润在中国人的骨子里，所以不是仗剑杀人的才是侠客，只要符合以上四个标准的人，都可以称之为大侠。

中国人的侠是一种精神追求，而这种精神追求和中国最高尚的道德要求，完全可以无缝对接。

可以说，“侠”就是中国道德的另一种表述方式，仗剑杀人，无非是武侠不得已而为之的手段。如果不怕牺牲、扶危济困、又不在乎功名的人进入政界和军界，又何尝不是官侠和军侠？

武侠用剑，军侠用枪，官侠用政策……他们的目的都是让世界更公平一点，只是手段不同罢了。

那么按照这个标准，“绿林大学”毕业的刘邦，不仅在肉体上做过侠客，精神上也是真正的大侠。

刘邦西征进入咸阳以后，顶住众将的压力不杀秦王子婴，并且封存府库还军霸上，召集各地的父老豪杰开会：“秦法太苛刻啦，我就能感同身受，从此以后咱们约法三章，杀人者死，伤人及盗抵罪，其他苛刻的秦法全部废除。大家说，好不好啊？”

当然好啦，秦人被苛刻法令折腾得太累了，现在有机会生活得轻松点，怎么可能不拥护刘邦？

于是“秦人大喜”，带着牛羊酒食到刘邦大营劳军，算是自己的一点心意。但是刘邦说了，我们的粮食多，不用大家费心了。结果“人又益喜，唯恐沛公不为秦王”。

这就是关中的人心。

可能自从记事起，他们就觉得生活很累，秦法很严苛，可活了大半辈子，却不知道如何改变悲催的世道。直到遇见刘邦，他们才知道，原来真的可以换一种活法。

那么在老百姓的眼里，刘邦就是扶弱济困的大侠，刘邦的军队就是侠客组成的军队。

也只有“为国为民”的绿林侠客，才能成为“侠之大者”，超越其他绿林群雄，成为改变时代走向的开国皇帝。

四

当绿林大学的艰苦磨炼和高尚情怀彻底融合在一起的时候，就会形成一种独特的气质。

如果用一个词来描述这种气质，我觉得应该是——轻松。

对，就是轻松。

他们平时对什么事情都无所谓，既不讲究衣食住行，也不在乎什么人际关系，常年我行我素。

反正我这么牛，大家都会围绕过来的。

刘邦年轻时“仁而爱人，喜施，意豁如也”，打江山的时候豁达大度，从谏如流，哪怕做了皇帝，照样骑在大臣周昌的脖子上撒欢。其他皇帝都要摆架子，可刘邦表示，老子就这样，你能奈何？

说白了就是不在乎、无所谓，表现得特别轻松。

但是他们这种人一旦做起事情来，却又雷厉风行，不达目的不罢休。最终每个困难都解决了，横在前面的敌人也都趴下了。

在举重若轻和举轻若重之间，切换得非常流畅。

这种气质在诗词上特别明显。

刘邦征讨英布叛乱之后，返回沛县故乡，召集父老乡亲们喝酒，亲自上台击筑唱歌，歌词就是流传千古的《大风歌》：大风起兮云飞扬，威加海内兮归故乡，安得猛士兮守四方。

堂堂皇帝亲自敲着乐器唱着歌，这份豪迈的气度，不用多说了吧，古今中外能做到的领袖屈指可数。

要是不看时间的话，还以为刘邦是豪放派诗人呢。浑身透着一种轻松和无所谓，非常有个人魅力。

五

公元前 195 年，征讨英布回到长安的刘邦，发出一道奇怪的命令："秦始皇帝、楚隐王陈涉、魏安釐王、齐缗王、赵悼襄王皆绝无后，予守冢各十家，秦皇帝二十家，魏公子无忌五家。"

在其他人看来，这些帝王公子都是过眼云烟了，他们有没有后嗣，关你刘邦什么事？你还专门发一道命令，让大汉臣民给他们守墓，这不是闲的吗？

此时的刘邦已经受伤病重，距离去世只剩半年，相信他自己也是有预感的。他在重病垂死时发布的命令，怎么可能没有意义？

其实我们可以这样理解：刘邦年轻时仰慕魏公子无忌（信陵君），在楚隐王陈涉的旗号下起义，建立的大汉继承秦始皇帝的制度，他们都是刘邦各个阶段的领路人，现在自己也命不久矣，便让人给他们守墓，相当于隔着时空致敬："你们的事业后继有人。"

至于魏安釐王、齐缗王、赵悼襄王，则是战国的国君，刘邦让人给他们守墓，可能是悲悯他们没有后嗣，但更大的可能性是说："你们的时代过去了，走好，安息。"

以帝王的身份做这件事，这是侠客刘邦独有的浪漫。

随后刘邦病重不能起床，医生诊治后告诉他：“病得不重，可以治。”刘邦听完气得大骂，我以布衣提三尺剑取天下，这是天命，谁都改不了。既然人的命运由天定，那扁鹊来了又有什么用？赐金50斤，赶紧走吧。

想明白人寿自有天定，刘邦就再也不看病了，和吕后交代了萧何、曹参、王陵、陈平的相国人选，并且告诉吕后“安刘氏者必勃也”，让周勃做太尉，然后就躺在床上等待人生落幕。

你看，刘邦临终都这么洒脱，没有半点寻常人的留恋不舍，对什么都轻松、无所谓的气质，表现得淋漓尽致。而且和追求长生不死的秦始皇相比，刘邦真正动人的地方，便是多了一丝人间烟火的气息。

蔺相如的外交胜利密码

一

和氏璧的故事，发生在战国年间。

公元前 284 年，赵国和秦、燕、韩、魏组成五国联军，任命乐毅为联军统帅，挥兵讨伐齐国。面对五大强国的进攻，齐国完全没有抵抗的能力，连续丢失 70 多座城池，国力一落千丈。

在五国伐齐的战争中，赵国出力颇多，再加上积累数十年的强盛国力，赵国一跃成为关东六国之首，号称东方第一强国。不论国际影响力、经济、军事能力，赵国都能和秦国相抗衡。

而且赵国在山西、河北一带，紧邻黄河天险和函谷关，死死守在秦国的家门口，秦国做什么事情，赵国都有干预的能力。如果秦国想出兵中原，赵国不同意，那么秦国可以一意孤行，却必须面对赵国抄底的危险。

于是，赵国成为唯一可以制衡秦国的东方大国。

秦国作为西方大国，最大的梦想是平定中原，把锦绣江山收入囊中，让天下人都匍匐在秦国脚下，现在有赵国制衡，梦想便很骨感了。

秦国怎样才能破局呢？

两国爆发大规模战争，当然是最直接的解决办法，但此时秦国和赵国的国力差不多，根本没有一次性碾压的实力，一旦爆发大规模战争，对国力的损耗非常厉害，最终只会便宜其他国家。

那么问题就很简单了，秦国只能用外交手段，逼迫赵国低头。

公元前 281 年，秦昭王给赵惠文王写了一封信："听说贵国有和氏璧，不如卖给我吧，我用 15 座城池来换。"虽然和氏璧的价值很高，但怎么可能值 15 座城池？事出反常必有妖，秦昭王的外交辞令背后，其实有三个目的。

第一个目的是和氏璧。

和氏璧是玉器，代表着财富，秦国得到和氏璧以后，随时可以拿到市场上卖钱，补贴常年征战造成的财政亏空。而且夺取财富的最终目的，是打压赵国经济，削弱赵国的综合国力。

通过外交掠夺财富之后，秦国便能回一口血，为将来更大的博弈做准备。

第二个目的是削弱赵国的影响力。

赵国的国力蒸蒸日上，但和秦国依然有些差距，一旦"和氏璧外交"没有处理好，秦国便能抓住机会大肆宣扬："啊哈，赵国自称什么东方大国，结果连和氏璧都保不住，这下丢人现眼了吧。"

于是，其他国家也会想：赵国和秦国吵架都输了，怎么可能阻止秦国出函谷关，做关东六国的保护伞呢？

国家和人一样，都是慕强的。他们不愿意和真正的大国作对，更不在乎正义和邪恶的区别，为了生存下去，他们宁愿做邪恶强国的干儿子。秦赵展开和氏璧外交谈判，天下各国都在眼巴巴地看着，要从谈判的结果来判断，以后该和谁近一点、用什么方式和两国交往，以及本国的政策如何调整。

如果“和氏璧外交”失败，赵国失去的是影响力，进一步失去话语权，从此沦为秦国的跟班。

然后就实现了秦国的第三个目的：整合盟友。

既然赵国向秦国低头了，说明赵国没有担当，不能扛事，那么关东国家还跟着赵国干吗，赶紧去咸阳拜码头啊。大家跟着秦国维护和平，顺便找机会瓜分了赵国，不香吗？

至于秦国会不会欺负关东国家，那是以后的事了，先把眼前的肉吃了，再说其他的吧。

总而言之，“和氏璧外交”是局中有局。

秦国要利用外交手段，达到以上三个目的，为以后的争霸铺路。

而对于赵国来说，即便没什么谈判结果，也要表明立场，让天下人都看到，赵国是有担当、有实力的东方大国。只要守住这条底线，就没有输。

两国都没有退路，必须全力以赴，在谈判桌上一较高下。

二

赵惠文王收到秦昭王的信，派蔺相如带着和氏璧去秦国，参加这次重要的外交活动。

到咸阳以后，蔺相如取出和氏璧，交给秦昭王，然后等秦昭王说 15 座城池的交易。结果秦昭王的眼里只有和氏璧，根本不谈 15 座城池的事。换句话说，秦国只想要好处，不想付出任何代价。

蔺相如对秦国的态度，已经有了心理预期，便决定要回和氏璧，不参与外交谈判了，这样就保住了赵国的颜面。他对秦昭王说："和氏璧上有瑕疵，您没看出来吧，不如还给我，我来给您指出来。"

秦昭王太想要好处了，根本没发现蔺相如的意图，便把和氏璧还给蔺相如。

蔺相如要回和氏璧之后，大骂秦昭王："我出国前，同事们都说秦国不可信，但是我觉得，普通朋友都不应该互相欺骗，何况大国之间呢？今天才发现,大王根本没有谈判交易的诚意。如果真要欺负我，那我就与和氏璧同归于尽。"

看到蔺相如的强硬姿态，秦昭王害怕了。

如果和氏璧破碎，那么谈判就彻底破裂了，谈判破裂，其实就是赵国赢了。

因为秦国的目标是用谈判削弱赵国，谈判破裂，就不可能达到目的，当然是输了，其他国家也会说："秦国不行喽，连赵国都搞不定，算什么霸主。"

这可是搬起石头砸自己的脚。

赵国的目标是用谈判保住利益，只要和氏璧在手，并且态度强硬表明立场，就没有输。

不管怎么说，谈判破裂对秦国不利。

秦昭王琢磨半天，感觉不能硬来，就答应蔺相如的要求，决定过段时间再谈。而就在等待重新谈判的时候，蔺相如让人带着和氏璧回国了，自己重上谈判桌，要求秦国先割 15 座城池。

这是在保住底线之后，对秦国展开外交攻势了。秦昭王怎么可能用 15 座城池换一块和氏璧？于是就打个马虎眼，算啦。

秦国退让，赵国赢了。

秦昭王不甘心啊，不久后派出外交使节，请赵惠文王去渑池会谈。这又是一个大坑，去吧，很危险。不去吧，又表现得太懦弱。

赵国君臣商议，哪怕渑池是刀山火海，也得去。

因为秦昭王邀请会谈是假的，目的依然是利用主场谈判的优势，逼迫赵国低头，削弱赵国的国际影响力，让秦国成为真正的天下霸主。

赵国不去渑池会谈，正好中了秦国的圈套，他们可以告诉天下："秦国为了世界和平邀请赵国谈判，赵国却不来，说明赵国根本不想世界和平啊。"其他国家也会想，赵国太软弱了。

所以赵国去了渑池，就是破了秦国的第一招，不仅表明重建和平世界的担当，也明明白白告诉秦国，我不怕你。

于是，赵惠文王和蔺相如去了渑池。

刚开始的气氛还不错，不管两国领导怎么想，起码表面上非常和谐，这也应该是外交场合的待客之道，礼数不能丢。

然而很快就出事了。

秦昭王突然冒出一句："听说赵王喜欢音乐，不如奏瑟来听听。"让对方的会谈代表做工具人，秦昭王已经很没有礼貌了，但更过分的是，赵惠文王演奏音乐的时候，秦国史官悄悄记录："某年月日，秦王与赵王会饮，令赵王鼓瑟。"这是杀人诛心啊。

那年头的史官不是历史学者，而是国家唯一的宣传机器，写下的每一句话，足以改变一个时代的舆论走向。秦昭王的做法，就是要在舆论上压过赵国，并且把赵惠文王钉在历史的耻辱柱上。

这能忍？

要是顺了秦国的意思，赵国这辈子都别想翻身了，唯一的破解办法就是以彼之道还之彼身，你想把我钉在耻辱柱上，那我就先把你钉上去，而且用直径 1 米的巨型钉子，把你钉得死死的。

于是蔺相如反击秦昭王："听说秦王唱歌不错，那就来击缶吧，给大家助兴。"秦昭王不愿意，蔺相如坚持，实在僵持不下，秦昭王下场击缶，也做了一把会谈的工具人。在秦昭王击缶的同时，蔺相如让赵国史官写道："某年月日，秦王为赵王击缶。"

表面来看，秦国和赵国扯平了，但从各自的目标来说，还是赵国赢了。

史书里说："秦王竟酒，终不能加胜于赵。赵亦盛设兵以待秦，秦不敢动。"

而蔺相如则以外交的功劳，拜为赵国上卿。

三

外交这种事情，最大的倚仗是强大国力，没有强大的国力，在谈判桌上怎么谈，结果都是一样的。但有了强大国力，谈判桌上怎么谈，就是一项技术活。

从蔺相如的成功经验来说，最好的外交技巧就是寻找对方的软肋，一击必杀。

比如秦国担心和氏璧破碎，那就用摔和氏璧来威胁秦昭王。

比如秦昭王想用史官引导舆论走向，蔺相如就用同样的方法，记录下秦昭王最不堪的行为，让他为了掩盖自己的黑料而不敢用赵王来说事。

你最害怕什么，我就偏偏要做什么。

反正发起谈判的霸主，彻底压倒对方才算赢，而参加谈判的大国，只要坚持到底就没输。

光脚不怕穿鞋的，只要咬定青山不放松，不怕谈不赢。

和韩信一样想点大事

一

有次刷知乎，看到有个 20 岁的女生提问："我的理想就是成为刘邦、曹操这样成就大事的强者，大家觉得我正常吗？有什么建议？"

看到这个小姑娘的问题，突然想起我的中二岁月。

高考前几个月，有个哥们问我："以后想做什么？"

我略微思索一番告诉他："做省长。"

现在想起来，那天的对话太傻了，简直无地自容，可在当时看来还是太保守了……

因为中学的时候迷恋秦汉三国，感觉省长和郡太守差不多，都是史书中的路人甲，除了几个人能出来打酱油，其他的都泯然众人。

于是就有了一种奇妙的想法：郡太守算什么，诸葛亮和周瑜才勉强及格吧，此生最好能和刘备、曹操一样，做个主公什么的。

然而到了十年后，别说太守或者主公了，连个管十里地方的村长都没混上。

二

但是话说回来，“心太野”真的没有任何好处吗？

其实也不见得。

人在年轻的时候，都有过非常宏大的想法，甚至小学生想做科学家也是其中一种。而功成名就的起点，往往来自一些看似不可能的想法。

任何想法都有付诸实践的价值，最关键的问题是，如何让梦想照进现实。

司马迁为了写《史记》，曾经亲自走访淮阴县，淮阴县的父老乡亲告诉司马迁，统帅大军横扫半壁江山的韩信，没有出人头地之前，志向就和别人不一样。

哪里不一样呢？

韩信的母亲去世以后，按照一般的逻辑，找一块不太差的地方葬了，也就行了。毕竟都是老百姓，不需要讲究太多礼节问题。

但是韩信偏和别人不一样，他走遍淮阴县的山川大河，最终找到一块地势高而且非常宽敞的土地，周围可以安置“万家”，然后把母亲葬在这块土地的最中间。

古代“一家”的标准是五口人，那么“万家”就是五万人，也就是说，韩信把母亲葬在这里，希望将来有五万人给母亲陪葬，让母亲躺在这里不至于太孤单。

司马迁听了淮阴父老乡亲的话，不太相信，亲自去韩信母亲的墓地考察一圈，结果发现，淮阴的父老乡亲没骗人，那片地方真的能容下五万个坟墓。

从这里就能看出来，韩信的野心太大了。

要知道，那时的韩信只是个穷小子，估计母亲去世以后吃饭都是问题。他却打心底里认为，自己将来一定能出将入相，甚至成为一方诸侯，然后用自己的地位和权力，命令“万家”在去世后埋葬在那里，给母亲陪葬，让母亲在另一个世界成为最尊贵的老太太。

少年时代的韩信，颇有一种“要把世界踩在脚下”的豪情壮志。

虽然司马迁没有细说，但我们可以想见，想把世界踩在脚下的韩信，可能从那时候起便开始揣摩军国大事，以及军队取胜之法。

假设两军在平原对垒，车兵什么时候出击、步兵是正面对抗还是绕道埋伏、取胜了要不要继续追击、如果追击会遇到什么问题、战败如何撤退、在撤退的路上如何保证军队的秩序、大军的粮食怎么安排、怎么招兵买马、怎么做战前动员等，这些和作战相关的一切问题，都是韩信思考或者模拟的范围。

那时的韩信“贫无行”，想维持生活得蹭百家饭，连河边洗衣服的漂母都接济过他。也就是说，他根本没有规划好的事业路径，也看不到日后实践的希望。

他能忍受亭长夫人的白眼，甚至从屠中少年的胯下钻过去，原因只有一个，韩信眼中有星辰大海，愿意为了这个渺茫的梦想，付出一切代价。

我们读历史的时候，可能潜意识里就觉得统帅百万大军横扫半壁江山的大事，只能韩信来做。但是在 2200 年前，谁能知道韩信可以改天换地？甚至他自己也未必有信心。

把韩信的“出将入相”与“成为刘邦、曹操一样的人”放在一起，你觉得有什么区别吗？

没有吧。

在阅历丰富的成年人看来，这两种想法都是不切实际的，典型的不知天高地厚。如果现在有人和你说要改变世界，我敢保证，你肯定嗤之以鼻，然后劝他好好工作养家糊口。

但是韩信年轻气盛啊，想到就去做了。

他不停地研究古今经典军事案例、阅读一切能得到的兵书战策、走遍山川大河、揣摩淮阴父老的人心，逐渐把脑中不切实际的幻想一点一滴地落到实处。

如此过了几年，韩信的能力指数级增长。

可能在别人看来，韩信就是个神神道道的神经病，但是韩信自己知道，他已经逐渐熟悉军事的学问了，在出将入相的路上越来越近。

这样的结果，恐怕是母亲刚去世时的韩信完全没有想到的。而后来韩信通过一番交谈让萧何拜服，刚出任大将军便定三秦、破魏、灭赵、降燕、伐齐，这一系列“出道即巅峰”的行动，都是在淮阴打下的基础啊。

所以说，年轻人的幼稚不是病，只想不做才是。

三

如果你认为韩信的经历太传奇，普通人没有可比性，那不妨把心中宏大的想法降低一点，降到自己可以承受的范围内。

比如用一年的时间在银行卡里存 100 万，或者以公司总经理的身份退休，或者读书破万卷研究清楚 100 个学术问题。至于到底能不能做到，完全不必考虑，总之要把目标定得极高，却又可以仰望。

总而言之，就是在已有的条件下，把想象力发挥到极致。

只有把目标定得高了，你才有想象空间和进步动力，因为你知道那个目标很难实现，便会拼命寻找成功的方法。

哪怕最后完不成预期目标，大概率能完成 30% ~ 50%，到那个时候，已经向前走了无数步的你，足以让现在的自己仰望了。

如果你只有养家糊口的小目标，更大的可能是，你根本没有意愿和动力去努力奋斗。

做什么不能养家糊口呢，还折腾啥？

于是每天都会沉浸在完成目标的喜悦之中，这种生活状态，又谈何进步呢？

就像韩信的目标，只是吃饱的话，那么更大的可能是，韩信成为淮阴的街溜子，每天跟在别人后边要饭吃，时间一长，他就彻底陷入生活的烂泥，永远爬不出来了。

其实这就像驴子面前的萝卜，近在眼前却永远吃不到，驴子才会一圈一圈地向前走。要是直接喂驴子吃一根萝卜，驴子向前走一步算我输。

驴子走或停都没关系，可人要是一直停在原地，那不废了吗？

那些眼里没有星辰大海的人，往往会沉浸在短期享受里不可自拔，而胸中有山河沟壑的人，才会无视眼前短期诱惑，不顾一切地向前走。他们有大野心并且愿意付诸实践，要的是延迟满足感，所以他们的战斗力特别强。那些事业有成的人，基本是从这个群体里产生的。

因为这种孤注一掷的状态，就是人生进步的原动力。

而只想经营小日子的人，往往有一种得过且过的心态，单位不好也不敢跳槽，工资不高也不想着多赚点钱，最后一辈子就这么过去了。

我始终相信一句话：发上等愿、结中等缘、享下等福。

野心大到不切实际的人，终究能得到部分想要的东西，而一开始只想经营小日子的人，最后可能连小日子也维持得不稳定。

大家可以看看周围的人，想想是不是这个道理。

四

不管是想做刘邦还是想做曹操，或者想和韩信一样梦想出将入相，这些想法看起来都荒诞不经，但我觉得必须要坚持下去。因为这个想法很大，足以让人进步很久。

真正的问题在于，想法不能停留在脑子里，而是要动手做起来。

首先要仔细阅读史书吧，仔细分析猛人和将相，在各自时代有什么成功的军政案例，而且要把自己放到当时的环境里，揣摩复杂的人情世故，把他们走完的人生重新快进走一遍。

日积月累地做下来，才能总结出一点历史经验。

此外还要学习经济、金融、法律、地理、工业、农业等专业知识，这些专业知识和历史经验结合起来，将会形成一套完整的知识体系，以及做人做事的方法论。

刘邦、曹操、韩信，都是这么成才的。

如果真的能走到这一步，即便由于时代限制和个人际遇，你还没有看到想要的星辰大海，那么凭借如此深厚的积累，做其他事情也能事半功倍。就像武侠小说里的高手，无不身怀震惊古今的内力，随便找来一本武功秘籍，短短几天就练到第九重。而内力和悟性不高的人，一辈子都练不到第三重。

可见人生从来没有什么捷径，无非是苦修而已。而只有极高的目标，才能让一个人耐住寂寞，做长时间的苦修。

一年比一年强，就是希望。

大家也不妨发挥一下想象力，然后坚持做下去，到明年的现在，说不定已经进步很多了。

陈平：棋手和棋子

一

陈平是十里八乡公认的美男子,《史记》原文说“长大美色”。

成年以后，陈平可以娶媳妇了，但是富人看不上他，他也看不上穷人。直到机缘巧合，富人张负才愿意把“五嫁而夫死”的孙女嫁给陈平为妻。原因也很简单：“人固有好美如陈平而长贫贱者乎？”

颜值决定命运。

陈平的颜值高，做事也特别公平。乡里有社戏集会的习俗，陈平作为富人家的孙女婿，有资格主持分肉。和某些偏心的人不同，陈平分给每个人的肉都很均匀，从来没有给某人多一点，给另一个人少一点的情况。

父老乡亲很满意，陈平便感叹，让我宰执天下，也和分这块肉一样公平。

然而在《史记·陈丞相世家》里，陈平发完感叹之后，画风突变。

此后他没有得到公平宰执的机会，始终在做两件事——换工作和玩阴谋，犹如屠龙少年终成恶龙一样。

陈胜、吴广起义后，陈平投奔魏王，短时间内官至太仆，因提建议不听，拔腿便走。

归于项羽，赐爵为卿，并且受封为信武君，可以说在项羽阵营里地位极高。因为刘邦攻破殷地，陈平害怕项羽诛杀，仗剑逃亡。

陈平降汉，通过信陵君孙子魏无知的关系，和刘邦交谈一番，得到汉王刘邦的认可，终于安定下来。

此后便是玩阴谋了。

其他人玩阴谋，往往是一锤子买卖，陈平不一样，他玩阴谋是有始有终的，而且可以前后呼应，让人觉得，陈平是以天下大势为棋盘，其他人都是他手中的棋子。

他给汉王刘邦出的第一计，便有一箭双雕的效果。

刘邦向陈平吐槽："天下大乱，什么时候才能安定啊？"陈平的回答非常犀利："项羽恭敬爱人，道德楷模都追随项羽，但是他舍不得封赏，其实也得不到属下的心。虽然你的个人品德不怎么样，但是舍得花钱，所以追求功名利禄的人都追随你，想博一场大富贵。"

这话说得太直接，刘邦听得也蛮不好意思，不过陈平也说了，既然项羽不得属下人心，身边骨干只有范增、钟离眜和龙且等寥寥数人，而刘邦又舍得花钱，不如用刘邦的长处攻击项羽的短处，花几万金收买人心，离间项羽君臣，从内部搞乱他们。

刘邦一听，好啊，给你四万金，去办吧。

天下熙熙皆为利来，这世上能用钱解决的事都不是事。陈平有了四万金，便派出使者到楚军中到处撒钱，让楚军将领传话，说钟离眜的功劳特别大，想联合汉军灭了项羽，裂土封王。

消息传到项羽的耳朵里，项羽信了，从此看钟离眛的眼神也不再单纯。可能是为了求证消息的真实性，项羽派人出使汉营。结果更绝的事情来了，汉王刘邦准备了最高规格的招待标准，看到项羽使者便说，我还以为是亚父范增的使者呢，原来是你啊，那招待标准就太高了，来人，给项王使者准备粗茶淡饭。

回到大营之后，使者把事情经过告诉项羽，项羽大怒，从此再不相信亚父范增，没多久范增“痈发背而死”，明显是气死的。

而刘邦的一番表演，很难说是自己的主意，结合事情的来龙去脉看，大概率是陈平的建议。

一石二鸟，陈平“出道即巅峰”。

二

下一场是韩信的生死劫。

韩信攻破齐国，派人向刘邦汇报工作，顺便要求刘邦封他为代理齐王。刘邦气得要死，大骂韩信是混账东西，陈平在旁边发现不对，韩信的使者在旁边，万一回去告诉韩信怎么办？这个时候你要做的是拉拢人心啊。

于是陈平踩刘邦的脚，意思是注意点你的态度，刘邦才反应过来，赶紧改口，说大丈夫定天下，要做就做真王，做什么代理齐王。然后便让张良去齐国，册封韩信为齐王。

如果没有陈平的一脚，韩信封王，不会如此顺利。

但是多年后，亲自把韩信拉下马的也是陈平。

汉朝平定天下之后，有人报告说，改封为楚王的韩信要谋反，大家一听都炸锅了，纷纷表示要领兵灭了韩信。唉，韩信一代兵仙，也不知道怎么混的，人际关系差到极点了。

到底要不要领兵攻韩信，刘邦也拿不定主意，便去问陈平。陈平给他分析了一番，说将军们的能力不如韩信，兵力也不如楚国精良，真要爆发战争，恐怕没什么胜算。不如以旅游散心的名义，在陈地召集诸侯，到时候韩信肯定会来，这就让韩信脱离了军队，犹如失去爪牙的老虎，还不是任你揉捏吗？

刘邦依计而行，到陈地之后，和韩信打了一个招呼，便将他抓捕上车。刘邦一生经历无数大风大浪，也平定过数不清的诸侯，毫无疑问，平定异姓王韩信是最简单的一次。最大的功臣就是陈平。

韩信在战场上威风赫赫，但是在战场之外，不论封王或者被擒，都被陈平玩弄于股掌之中。

和韩信类似命运的，还有吕后。

刘邦去世之前，突然爆发燕王卢绾造反事件，便让樊哙领兵平叛。这时有人打小报告，极有可能是说皇帝身体不好，樊哙领重兵在外，而樊哙又是吕后的妹夫，一旦皇帝驾崩，吕后的势力就太大了，太子刘盈未必能镇得住。

刘邦想想也对，大怒，命令陈平和周勃到军中“斩哙头”，并且让周勃替代樊哙领兵平叛。

但是陈平留了一个心眼。樊哙是皇帝刘邦的亲信，又是吕后的妹夫，我们在军中杀了他算怎么回事啊，万一秋后算账，根本没法交代。不如绑了送到长安，让刘邦自己处理吧。

这么做的另一个目的是，刘邦快不行了，太子幼小，以后肯定是吕后处理天下大事。留下樊哙，就是留下后党的亲信大将，极有可能得到吕后的信任。

果然，陈平和樊哙没到长安，就听到刘邦驾崩的消息。陈平立刻进宫面见吕后，“哭甚哀”，我们完全可以猜测，陈平回忆了革命年代的私人感情，并且表达了对吕后的忠心。吕后听了也很感动，“哀之”，并且让他做郎中令，教导刘盈。

几年后刘盈去世，吕后担心实力不足，坐不稳江山，便想封吕家的兄弟子侄为王。问右丞相王陵的意见，王陵不同意，因为高皇帝刘邦说了，非刘氏为王者，天下共击之。吕后再问左丞相陈平，陈平表示没问题，您随意。

这是再次站队，吕后非常满意，让陈平接替王陵做了右丞相。

可以说陈平的推波助澜，协助吕后成为天下最有权势的女人，但如果认定陈平是铁杆后党，那又大错特错了。

因为等吕后去世之后，尸骨未寒，右丞相陈平和太尉周勃便起兵诛杀吕氏，把吕后打造的吕氏江山连根拔起，然后迎代王刘恒为帝，后世称为汉文帝。

这么复杂的谋划，根本不是武夫周勃能想出来的，只能是玩阴谋的高手陈平想出来的。司马迁也说了，陈平本谋也。

自从出道以来，陈平的职业生涯从来没有失败过。用四万金离间项羽和钟离眛、亚父范增的关系，用三言两语决定韩信的命运，用站队和变脸颠覆吕后的江山。陈平不出手则以，一出手就是大手笔，很大程度上决定了天下的走向。

三

同样是运筹帷幄之中，如果说张良专注于兵法，正面交锋；陈平则喜欢揣摩人性，在背后博弈。

在陈平的职业生涯里，从来没有任何私人感情。他的眼里，天下是大棋盘，每个人都是可以利用的棋子，而人心是操纵棋子的纤纤玉手。

这种冷酷的做法，在荥阳城达到了巅峰。

当时汉军大营在荥阳城南，和项羽对阵相持一年多，因为运粮通道被项羽打破，汉军极度缺乏粮食，最终被项羽包围。想和项羽继续奋战争夺天下，就必须逃出项羽的包围圈，才能收拢旧部重新开始。

怎么办呢？

陈平找了 2000 名女子，穿上汉军的甲胄，让她们晚上从东门出城，另外让纪信扮作刘邦，乘坐刘邦的车驾东奔西走，和 2000 名女子一起吸引楚军的注意力。而刘邦和陈平等数十人趁机从西门逃走。

司马迁的说法是，2000 名女子出城“楚因四面击之”，但我认为这是文雅的说法。士兵的战斗力强弱，一交锋就知道了，那些女子在战场上不停地倒下，口中必然发出女性特有的惨叫，楚军将士会听不出来？

所以在短暂交锋之后，荥阳城外会发生什么，不用我多说了吧。

虽然纪信等人也拖延了楚军的时间，但更大的可能是，荥阳城外的暴行，极大程度上瓦解了楚军的进攻意志。

这就是陈平的计谋，太残酷了，但凡有些感情的人，都不会用这么损的计谋。但陈平就是用了，而且没有丝毫拖泥带水。所以他晚年说：“我多阴谋，是道家之所禁。吾世即废，亦已矣，终不能复起，以吾多阴祸也。”

他对自己的所作所为，心里清楚得很。

四

现在我们回到开头的问题，陈平想公平地宰执天下，做一个好官，让天下人都能在太平盛世中生活，可他却玩了一辈子阴谋，到底是忘记了初心，还是他本来就是伪君子？

其实都不是。

当初魏无知向刘邦推荐了他，他才有了此后的飞黄腾达，被刘邦封侯以后，陈平说我其实没什么功劳。刘邦反问道：“我用先生的计谋克敌制胜，先生怎么就没有功劳？”陈平盯着刘邦：“如果没有魏无知，哪有我的今天？”刘邦才知道，陈平要报答恩人啊，于是也封赏了魏无知。

从这件不忘本的小事就能看出来，陈平不是忘恩负义的人，这样的人又怎么可能轻易地忘记初心？

而陈平被同事攻击“盗嫂”的时候，魏无知也向刘邦说，我推荐陈平是因为他能力强，你怀疑陈平是因为他道德差，可现在天下大乱，你找一堆道德标兵有什么用？只要出的计谋有利于国家，“盗嫂”又算什么？

这才是乱世的人才标准。

只要有利于国家，能出奇谋走向胜利，其他一切都可以抛弃，一切手段都可以使用。这才是陈平玩阴谋的本意，不管过程如何不堪入目，最终的结果都是为了国家。离间项羽君臣如此，生杀韩信如此，站队和颠覆吕后如此，派遣荥阳城外的2000名女子也是如此。

在这些血泪的背后，一个强大的国家正在冉冉升起。

陈平一辈子做了很多“恶事”，做事的过程中也辜负了很多人，但唯一没有辜负的就是刘邦，以及他们亲手建立起来的大汉王朝。

苏秦：一个男人的复仇

一

苏秦是鬼谷子的学生。

虽然拜了名师，但这种身份并没有给苏秦带来荣华富贵，他毕业后用几年时间找工作、谋前程，依然一事无成，和现在拼命高考入读985，毕业后要为房租发愁的学生一样。

司马迁用的词是“出游数岁，大困而归”，短短八个字，写尽了苏秦的窘迫。你通过这八个字，仿佛可以看到苏秦破败的衣衫、蓬乱的头发，以及一声接一声的哀叹。

原本希望用读书出人头地，现在竟然因为读书而穷困，苏秦的心情可想而知。

回到洛阳故乡之后，兄弟妻嫂等亲戚都嘲笑苏秦：“周人的习俗是置办田产或者做生意来赚钱，你却反其道而行之，专门耍嘴皮子，沦落到这步田地，活该啊。”

人穷志短，马瘦毛长，苏秦能说什么呢，赶紧羞赧退下，把自己关在屋子里暗自垂泪。像个穷困的中年人，脸上写满了故事，叹息声里都是不甘。

二

经过痛苦的反思，苏秦逐渐明白了：求学读书不能荣华富贵，读那么多书有什么用？无非是行走的书柜而已。

这句话看起来是“读书无用论”，但实际上，苏秦悟到了读书的真谛。

书卷是什么？

书卷是记载知识的东西，除此之外没有任何神圣的地方。而知识是工具，唯一的功能是为人类社会服务。换句话说，书卷里的知识必须和现实相结合，才能爆发出惊天的威力，否则便没有任何意义。

苏秦以前读书，只是单纯地读书，根本没有把知识和现实结合起来，所以才“大困而归”。因为大部分人喜欢的不是知识，而是知识和现实结合起来产生的利益。

明白了这一点，苏秦犹如打通任督二脉，眼前的世界豁然开朗。

他找到一本《阴符书》，感觉这本书里的知识和现实世界有关系，便伏案苦读，仔细揣摩书卷里的知识，并且用书里的知识来解构现实世界。他一个字一个字地读，一个知识点接着一个知识点地攻克，知识和世事如电影一样，在苏秦的脑海里缓缓走过。

一年以后，苏秦合上书卷，长叹一声：“明白了，全明白了。我已对天下事了如指掌，可以游说各国的国君，成就一番功业了。”

所谓游说，就是在熟练判断天下走势的基础上，客观分析某一国的基本国情，总结出国家的优点和缺点，然后据此提出指导意见，供君主采纳。

看起来是耍嘴皮子的活儿，实际上非常考验人的综合素质，必须有“运筹帷幄之中，决胜千里之外”的能力，才能做一名合格的说客。

这种人，我们称之为国士。

三

苏秦最先去见了周天子，但是战国年间的周天子没什么地位，能维持日常生活就行，根本不敢轻举妄动。

而且周天子的地盘不大，有什么新鲜事就被街道大妈传得到处都是，所以周天子和近臣非常了解苏秦，根本不相信他的话。

随后苏秦去了秦国，站在秦国的立场上对秦惠文王说：“秦是天府之国，人民勤劳，军队强盛，完全可以吞并天下，取周天子而代之，建立帝业，统治四方啊，您考虑一下？”但是秦惠文王说：“现在秦国羽翼未成，还是要积蓄国力，你的建议以后再说吧。”

苏秦再次碰壁，便去了赵国……还是没成功。

苏秦想不明白，问题出在哪里呢？我明明是站在对方的立场上说话，而且说得也没错，对方为什么不认可？苏秦苦思冥想，始终不得要领，他带着这个问题一路走到燕国，依然没有想明白。

这次燕国国君没有立刻召见苏秦，足足把他晾了一年，才通知苏秦，来聊聊吧。

幸亏有一年的空余时间，给了苏秦深度思考的机会，也让他想明白了问题的关键。如果和游说周天子、秦惠文王一样，向燕国国君说一些假大空的片儿汤话，他可能还是没有机会。

因为分析天下大势是游说的前提，最后的落脚点是给出“前路向何处去”的指导意见。如果没有最后的指导意见，前面说的一大段，不是假大空的片儿汤话是什么？

尤其是对秦惠文王的游说，苏秦就犯了这个错误。

苏秦能看出秦国强盛，秦惠文王能不懂？人家只是不愿意说罢了。而且要吞并天下建立帝业，不是嘴上说说而已，必须有合理的军事、政治、经济和外交战略，以及可行的战术，这才是最关键的问题。

苏秦什么都没有，只说秦国要吞并天下建立帝业，如果秦惠文王信了，那才是真的傻。

现在苏秦想明白了，也开始走上人生巅峰之路。

他对燕文侯说：“燕……地方两千余里，带甲数十万……粟支数年……此所谓天府者也。”这是实事求是地分析问题，顺便拍马屁博好感。

然后开始落到现实问题：“天下大乱纷争不息，尤其是秦国的东进欲望非常强烈，燕国却没有兵戈之警，为什么呢？完全是因为赵国在南边挡住秦国了呀。”意思就是，秦国是燕国的远虑，赵国才是燕国的近忧，反过来看，也是可以联合的朋友。

那怎么办呢？

苏秦提出自己的解决办法：“希望您和赵国相亲相爱，甚至和天下各国都合为一体，共同来对抗秦国，燕国一定可以高枕无忧。”燕文侯听完大喜，感觉说到心里去了。可是燕国弱小，周围的赵、齐都是大国，想用合纵的办法安定燕国，还是要劳烦苏先生啊。

于是燕文侯准备了豪车巨资，送苏秦去赵国出差，进一步完成合纵大业。

苏秦用的依然是这套方法论。

他用拍马屁的方式，说明赵国的优势：“当今之时，山东之建国莫强于赵。赵地方二千余里，带甲数十万，车千乘，骑万匹，粟支数年。”说赵国的国力非常强，属于大有可为之国。

紧接着他分析赵国面临的困局：“秦国不敢举兵伐赵，主要原因是韩、魏在旁边制衡，但这种局面不会长久的。因为韩、魏境内没有高山大川，很难抵挡秦国的攻势，一旦韩、魏成为秦国的囊中之物，那么秦国的下一个目标，必然是赵国。”

最后他提出解决办法：“只有韩、魏、齐、楚、燕、赵合纵结盟，每当秦国攻击任意一国，其他五国都必须出兵相助，如果有背盟违约者，五国共伐之。一旦形成六国合纵的局面，秦国便不敢出函谷关，赵国的霸王之业就成了。”

和燕文侯一样，赵王非常高兴，送给苏秦百辆豪车、千溢黄金、百双白璧、锦绣千纯，让他去说服其他国君。

既然有了成功的方法论，苏秦的事业就不会停止。

韩、魏、齐、楚的国君，陆续被苏秦说中痛点，并且愿意按照苏秦的规划和其他国家合纵结盟，共同对抗秦国。而作为合纵的核心人物，苏秦佩戴六国相印，居中协调六国合纵过程中的问题。

他在解决别人困难的同时，也成就了自己的事业。

四

完成合纵的苏秦，准备北上回报赵王，路过洛阳故乡的时候，最有意思的事情发生了。

由于苏秦的随从车驾非常多，和各国诸侯的排场一样，周天子吓坏了，赶紧打扫街道，并且让洛阳人民迎接犒劳。

正好，苏秦的兄弟妻嫂等亲戚也在人群里，可能是想到之前不礼貌的行为，羞赧地低下头，双手高高举起食物，等着苏秦享用。苏秦看到也乐了，笑着对嫂子说：“以前不是挺倨傲的吗，为啥现在恭敬了？”

听听这句话，明显是嘲笑的意思。

嫂子的回答也很接地气：“以前倨傲是因为你穷，你现在位高金多，当然要恭敬了。”果然是穷在闹市无人问，富在深山有远亲。

于是苏秦感叹：“使我有洛阳负郭田二顷，吾岂能佩六国相印乎？”

当初只要有区区二顷田产，苏秦就能活下去，便不用忍受兄弟妻嫂的白眼，自然也不会有出人头地的愿望。那样的话，什么读书，什么游说，都一边去吧，老婆孩子热炕头的日子，多香。

能有佩六国相印的辉煌，都是你们逼出来的啊。

苏秦说出这句话的时候，眼里一定有光。从穷困潦倒到名满天下，他放弃一切又赌上一切，完成一场华丽的逆袭。他配得上这句话里的意气风发。

这是关于人生的故事，其中有关于命运的不甘，关于事业的奋争，关于读书的方法。

这也是一个男人的复仇。

穷养的卫青，富养的霍去病

一

卫青和霍去病是汉朝名将，都是在北伐匈奴的历次战役中崭露头角，最后双双官至大司马，掌管汉朝的军事家。900 年后，唐德宗给武庙增加祭祀的名将 64 人，卫青和霍去病也在其中。

从事业上来说，卫青和霍去病挺相似的。

但如果从《卫将军骠骑列传》里深究一下，就能发现，他们两人除了事业以外，没有半点相似的地方，甚至是截然相反的两个极端。

二

卫青是正儿八经的穷苦孩子。

他的父亲是郑季，在平阳侯府做事，一来二去便和平阳侯的妾室卫媪私通了，生下了卫青。侯门深似海，规矩很严的，在汉朝，平阳侯想处死卫媪非常容易。但是很奇怪，卫媪私自生下孩子，居然没事，后来还生了卫步和卫广。

你可能会说，万一平阳侯以为卫青是自己的孩子呢?

但这个说法不成立，如果平阳侯认为卫青是自己的孩子，就不可能出现卫青回到郑家的事。毕竟谁敢把平阳侯的儿子送人啊?

唯一的解释是，卫媪在平阳侯府不受宠爱，甚至是地位很低下的妾室，以至于卫媪怀孕一年后生孩子，平阳侯都不知道。

可以想见，卫青少年时的生活很难过。

他跟着地位低下的母亲过着艰苦的生活，一举一动都要看别人的脸色，可能连吃饱饭都是奢望。这样的生活，很早就在卫青的心里埋下种子:我就是个小人物,做事一定要谨慎小心,千万不能惹别人生气。

自卑、谨慎、放不开，这就是少年时的卫青，犹如很多家境穷困的孩子一样，在陌生人面前不敢说话。

长大一点，卫青被送回亲生父亲郑季家里。郑季偶然播种，便白捡一个劳动力，心想不用白不用，让他放羊去吧。这种生活比在平阳侯府时好不了多少，苦日子要继续过下去。郑季的其他孩子也不把卫青当成兄弟，而是“皆奴畜之”，也就是当成会说话的牲口。

这样的遭遇，加剧了卫青的自卑心理，让他打心底里就觉得人生无望，活着就行。

所以卫青路过甘泉宫的时候，有人给他相面，说他将来能封侯。卫青却根本不当回事，甚至连一丝憧憬、开心的情绪都没有，说“人奴之生，得毋笞骂即足矣，安得封侯事乎。”

这辈子就是做奴隶的命，吃苦受穷可以忍受，最大的享受就是不要挨打挨骂，至于吃苦受穷乃是本分。封侯，呵呵，想什么呢?

穷的男孩就是这样，现实困顿极度降低了他们对生活的预期，一点微小的改变，对他们来说就是惊喜。长久以往，他们变得不敢规划未来，对人生也没有任何想象力。

成年以后，卫青回到平阳侯府做骑奴，如果不是汉武帝宠幸姐姐卫子夫，恐怕卫青的人生路径不会有丝毫改变。默默无闻地来，吃苦受累地活，悄无声息地走，到那个时候，除了家人子女，估计也没什么人来参加他的追悼会。

这也是大部分穷苦孩子的人生结局。

三

霍去病完全是富养长大的孩子。

因为姨妈卫子夫的关系，霍去病很年轻就做了天子侍中，陪伴在汉武帝的身边，日夜聆听汉武帝谋划军国大事，日积月累，导致霍去病的眼界极高，普通的人和事根本不放在眼里。

这就极度提高了霍去病对生活的期待，毕竟常年在汉武帝身边，他已经习惯了用最高的姿态审视一切事物。可能在霍去病的眼里，除了汉武帝和卫家人以外，其他人和事都在自己的脚下。

这是富养男孩的常态，也只有这样的男孩，才敢在汉武帝想教他兵法的时候，直接顶回去："顾方略何如耳，不至学古兵法。"一般人听说汉武帝亲自授课，肯定要搬小板凳认真听讲，可霍去病觉得，古人再厉害，我未必不如古人，甚至可以超越。

这份心气和对未来的想象力，卫青是万万没有的。

十八岁的时候，霍去病跟随卫青出塞作战，直接带领八百骑兵奔袭数百里，斩首 2028 级，勇冠三军。在高中毕业的年纪做出如此成就，一方面是天生的军事才能，另一方面便是天生富贵带来的底气。

而初战大捷的霍去病，被汉武帝封为冠军侯。天生富贵加初战大捷的效果，对于霍去病而言，绝不是“1+1=2”那么简单，而是人生格局和自信的指数级飙升。

霍去病意气风发，对未来无限憧憬，认为没有任何事情可以阻碍自己成就更大的功业。

所以汉武帝给霍去病造房子，让他亲自去看看，霍去病回答汉武帝：“匈奴未灭，无以家为也。”

年纪轻轻的霍去病，理想竟然是彻底灭了匈奴，同等年龄的卫青，想都不敢想。也只有汉武帝才敢有这样的雄心壮志。

都说霍去病是初生牛犊不怕虎，可在霍去病看来，和汉武帝站在同一个高度，真没什么可怕的。

四

卫青和霍去病不同的人生起点，造就了两人不同的性格，进一步形成不同的做事风格。

比如杀人的问题。

公元前 123 年，卫青率领六将军出塞击匈奴，斩首几千级便回来了。再过一个多月，原班人马再次出塞，和上次不同的是，大军斩首万余级后，苏建和赵信率领的骑兵部队，遇到匈奴单于的主力。

苏建和赵信作战很勇猛，但是寡不敌众，拼命和匈奴单于厮杀一天之后，面临全军覆没的危险。对于军人来说，战败是职业生涯最丢人的事了，而且还有身死族灭的危险。

赵信是匈奴降将，发现战场上难以取胜，再加上匈奴单于派人来诱降，劝赵信回归匈奴的怀抱。于是赵信思量一番，带领八百骑兵脱离汉军，重新回归匈奴，上演了一出“见单于纳头便拜”的戏码。

赵信投降，坑惨了苏建。

苏建在全军覆没之后，想办法活了下来，独自一人回到大营见卫青。全军覆没可是重罪，不严重处罚，怎么能警告后人努力作战呢？于是卫青问周围的人，到底该怎么办？

议郎周霸建议：“大将军出征以来，从来没有杀过将军，有人还以为大将军好说话呢。现在苏建犯了错误，不如拖出去斩首，让大家都明白大将军的威严。”也有人不同意，说苏建不是贪生怕死，实在是敌我兵力悬殊，尽力作战之后才回来的，不能杀啊。

其实卫青有资格在军中杀苏建，但他不愿意用杀人的方法立威，给汉武帝留下人臣专权的印象。于是卫青决定不在军中处理苏建，而是绑起来送到长安，让汉武帝决定如何处理。杀也好放也罢，都是汉武帝一言而决。

卫青的做法小心谨慎，不敢越雷池半步，一如那个放羊的少年。

再看霍去病，杀人就直截了当，没有半点拖泥带水。

公元前 119 年，卫青和霍去病各自率领 5 万骑兵大举出击匈奴。李广是卫青的部下，因为迷路没赶上和匈奴单于的大决战，等卫青大军打完了，返回漠南才遇到李广。卫青特别生气，敢情李广是来旅游的呗？便让长史去责问李广，李广的玻璃心犯了，感觉受到侮辱，便自杀了事。

而李广之子李敢追随霍去病，一路斩将夺旗，被封为关内侯，食邑两百户，并且因功接替李广的职务，做了九卿之一的郎中令。虽然做了高官，但由于父亲李广自杀的事，李敢有点怨恨大将军卫青，有次抓住机会，用武器把卫青给打伤了。

郎中令打伤大将军，这还得了？

大汉朝有没有王法？

不过卫青发扬一贯的风格，没有声张，悄悄把这件事压下来，当作没发生过。然而没有不透风的墙，李敢打伤卫青的事，还是被霍去病知道了。以霍去病的脾气和站位，可能连李广都不放在眼里，更何况曾经做过部下的李敢。居然敢打大将军，你算哪根葱啊？

于是趁汉武帝去甘泉宫打猎的时机，霍去病找到一个机会，直接用弓箭射死负责警备的李敢，然后去报告汉武帝，说我杀了人，您看着办吧。

汉武帝能说什么，总不能为了给李敢报仇，把三军统帅霍去病给杀了吧？便打马虎眼，说李敢被鹿撞死了。

同样是杀人，卫青和霍去病的处理方法截然不同。

另外，他们对于钱的态度，也很有意思。

公元前 123 年，因为受到苏建和赵信的影响，卫青军功不多，回来以后没有受到封赏，但汉武帝赏赐卫青千金，意思就是给你点钱，自己花去吧。

卫青收到赏赐没多久，宁乘便给他提意见："你能有今天，全是因为皇后，说明皇帝陛下是袒护外戚的。如今王夫人正得宠，家族却没有沾光，以皇帝陛下的秉性，这是不完美的呀。不如你把千金赏赐送过去吧。"

卫青觉得有道理，给王家分了五百金。

汉武帝听说以后，觉得卫青做了他想做却没有做的事，果然非常高兴，然后把宁乘提拔为东海都尉。

这就是卫青的金钱观，宁愿自己受到损失，也不愿意亏待别人，何况那个人是汉武帝的夫人家族呢。

而霍去病是另一个极端。

每次出征，汉武帝都要准备几十车后勤物资，专门供霍去病一个人享用。等打胜仗回来，车上还有很多没吃完的肉，霍去病却从来不分给缺粮的士兵。哪怕士兵饿得站不起来了，霍去病也不管，自己踢球玩。

为什么会这样呢？

根本原因就在于，霍去病没有体会过贫穷的滋味，养成以自我为中心的性格，于是很难对普通士兵的经历感同身受。

同甘共苦，在霍去病的理念里是不存在的。

五

青少年时的生活环境决定性格，性格决定命运。

穷养的卫青一辈子小心谨慎，以至于司马迁说：“大将军为人仁善退让，以和柔自媚于上，然天下未有称也。”天下人都觉得卫青太懦弱，不敢和汉武帝说重话，除了军事能力特别强以外，其他也没什么值得称道的。

言外之意，卫青缺点骨气。

富养的霍去病则张扬霸道，犹如疾风烈火，不论是汉武帝还是匈奴，霍去病都是以硬碰硬，直到取得最终的胜利。从来不在乎面子、情商之类的东西。

真正的霸道总裁气质，恐怕就是这样了吧。

把卫青和霍去病放在一起对比，才能真正明白一句话：有些东西，出生的时候有，那么一辈子都有；出生的时候没有，这辈子也不可能再有了。

李斯的黄狗之叹

一

公元前210年，巡幸天下的秦始皇在平原津病倒，可能感觉时日无多，便让赵高给扶苏写信："部队交给蒙恬掌管，赶紧来咸阳参加葬礼。"扶苏是秦始皇的长子，此时让扶苏回咸阳，明显是要扶苏继位。

赵高写完封存之后，没有送出去，秦始皇就驾崩了，不得不说，人死之前的第六感很准。

既然给扶苏的信没有送出去，那么到底要不要继续执行秦始皇的命令，可操作的空间就非常大了，反正秦始皇已经驾崩了，还能活过来不成？

于是，赵高动了歪心思。

他和随同巡幸的公子胡亥关系好，属于亲密无间的自己人，而扶苏的亲信是大将军蒙恬，将来论功行赏，怎么都不可能轮到赵高。为了自己的前程，是不是可以利用驾崩的秦始皇，操作一番呢？

赵高找到公子胡亥，苦口婆心地劝：“皇帝的政策是不分封皇子，将来扶苏继位，你可就什么都没有了。如今天下大事的走向都在你、我和丞相的手里，你可要抓紧机会啊。”

秦始皇的余威尚在，原本胡亥不敢有夺位的心思，但皇位的诱惑实在太大，赵高的说辞又太动人，胡亥最终还是动摇了。接下来的问题就是，如何说动丞相李斯配合执行。

和胡亥一样，李斯不同意更改继承人，并且大骂赵高说的是亡国之言，不是臣子应该说的话。

但赵高只用一句话，便轻松击破李斯的心理防线：“你和蒙恬相比怎么样？到底是你的功劳比蒙恬高，民心比蒙恬足，还是和扶苏的关系比蒙恬和扶苏的关系好？将来扶苏继位，必然提拔蒙恬做丞相，你的下场恐怕不是太好哦。”

李斯是聪明绝顶的人，要不然也不可能做到丞相高位，他当然明白赵高的意思。

可秦始皇尸骨未寒，就做出更改继承人的事，一来对不起秦始皇的厚恩，二来皇族内争真的是亡国之道啊。个人和国家，现在和将来，到底该怎么选择？

李斯非常纠结。

其实只要开始纠结，就代表李斯的决心不再强烈，赵高只要再加一把猛料，给李斯描绘未来的蓝图，自然而然就能推动李斯做出最后的决定。

赵高告诉李斯：“如果你听我的建议，必能富贵满堂，子孙后代都承你的恩泽。可要是选了扶苏，必然祸及子孙。”在选择扶苏确定性会祸及子孙，和选择胡亥搏一搏单车变摩托之间，李斯的选择并不难。

李斯经过一番挣扎，仰天长叹，唉，就听你的吧。

当初满朝大臣都建议秦始皇分封皇子，李斯站在天下长治久安的立场上，建议秦始皇彻底废除分封，避免重演列国纷争的悲剧。那时的李斯是“天下为公”的能臣。现在为了自己的个人荣辱，明知道更改继承人不利于国家，却偏偏受不住名利的诱惑，变成争权夺利的小丑。

他抛弃了自己的良心，变成自己曾经最讨厌的人。

可笑的是，赵高并没有感激李斯的配合，反而有些看不起他。他对胡亥说:“臣请奉太子之明命以报丞相,丞相斯敢不奉令。”一句“敢不奉令”，足以说明赵高的心态。

不管怎么说，大秦的三驾马车统一意见，胡亥继位再无阻碍。于是伪造秦始皇的遗诏，改立胡亥做继承人，并且以秦始皇的口吻命令扶苏自杀，赐死蒙恬。

至此，大秦的江山易主。

二

李斯没有想到，赵高要的不是官位，而是挟天子以令诸侯，执掌天下大权。

胡亥继位称为秦二世。

赵高利用秦二世年少无知的弱点，骗他说不要和大臣见面才能保留皇帝的神秘感，让大臣们恐惧。秦二世什么都不懂，听赵高这么说便信了，从此住在宫里不问世事，任由赵高处理。

司马迁的用词是“事皆决于赵高”，区区六个字，足以说明赵高的权力之大。

此时的赵高已经取代了秦二世，但是远远不够，赵高知道，李斯作为大秦的老牌丞相，不论权力或者影响力，都不是他能比肩的。他必须利用秦二世的名义，彻底扳倒李斯，才能树立自己独一无二的地位。

在那个年代，扳倒政敌，意味着杀人。

赵高把目光放在关东，六国遗民起义如烈火燎原，对，这就是机会，用六国遗民起义的烈火烧死大秦的丞相李斯。

赵高用“公忠体国”的口吻劝李斯:“关东大乱,皇帝却不管不顾，只知道营造阿房宫和狗马之类的东西，这是不行的呀。我想劝谏，奈何职位太低贱,你是丞相怎么能不管呢？为了大秦,赶紧劝劝皇帝吧。”

李斯当然想劝秦二世，可是秦二世不见大臣，李斯憋了一肚子话，都不知道去哪儿说。赵高拍着胸脯保证，我一旦找到机会，就让人通知你，到时候你要赶紧来。

李斯被赵高感动了，心想，赵高是好人啊。

可结果呢，赵高专门选秦二世玩乐的时候，让人通知李斯，皇帝有空，可以来奏事了。不明事实真相的李斯穿戴整齐便去了。用脚指头想想也知道，秦二世空闲的时候你不去，现在正准备享受生活了，你赶着去说正事，秦二世能不烦？

这样几次下来，秦二世真的怒了，敢情李斯看我年纪小，好欺负呗？

赵高发现计谋奏效，便站出来喷李斯，说李斯参与了沙丘之谋，地位却没有进一步提高，现在是想裂土为王啦。关东群盗为什么越来越猛，还不是楚国人李斯纵容楚国出来的盗贼吗？

如此漏洞百出的话，赵高也好意思说，更绝的是秦二世真的相信。秦二世打心底里相信，赵高的每句话都是为了他好，李斯的每件事都是“刁民想害朕”。唉，皇位上坐着一个智障，也是绝了。

没多久，李斯发现大秦最大的问题是赵高，便向秦二世检举揭发，结果秦二世为了袒护赵高，把李斯抓进监狱。

“不过是做过丞相而已，算什么？朕杀的先帝留下的公子够多了，哪个不比李斯的地位高？”

李斯在监狱里仰天长叹：“吾必见寇至咸阳，麋鹿游于朝也。”意思就是大秦江山迟早要完。

同样是仰天长叹，沙丘的叹息是出卖了良心，监狱的叹息是悔不当初。

早知如此，又何必呢？

李斯想向秦二世上书申冤，洋洋洒洒写了一大篇，文采斐然，但是朝廷大事都归赵高处理，李斯又怎么能越过赵高，直接和秦二世沟通呢？于是赵高看过之后直接扔掉，根本不理睬。

事情走到这里，李斯的命运已进入倒计时。

三

公元前207年，李斯的判决书下来了——腰斩，夷三族。

那天，陪同秦始皇走过无数风雨的李斯，和一个儿子一起走到咸阳街市，共同迎接人生的最后结局。回首往事，李斯感慨万千：“人一辈子哪能十全十美啊。权位终有尽头，财富不过是替别人保管，走过上坡路就要走下坡路，谁能一辈子常留顶峰？”

最好的人生路，无非克制心里的欲望，尽力做好自己该做的事，只取自己应得的一份荣耀和利益，然后保留一些遗憾和憧憬，偶尔畅想一下，让晚年不那么孤独无聊。

可要做到这一点，往往需要及时收手，在人生的巅峰期急流勇退，没有大毅力、大智慧的人根本做不到。

在走向人生终点的路上，李斯彻底想明白了，几年前因为自己的贪念，最终害了国家也害了全族，唉，图什么呢？他转头对儿子说："我想和你再牵着黄狗，出上蔡东门逐狡兔，可惜做不到了。"说罢，父子痛哭。

《红楼梦》里有副对联：身后有余忘缩手，眼前无路想回头。说的就是面对利益诱惑的时候，从来不知道居安思危，等到眼前无路的时候才知道后悔，想回头。

可惜已经晚了。

没有人永远年轻，但永远有人正年轻。世界轮回前进，抛弃旧人迎接新人才是常态。秦始皇妄想长生不老，李斯幻想子孙永远富贵，归根结底是违反历史规律的，那么等待他们的，也必然是不同形式的"黄狗之叹"。

自从李斯之后，霍光、胡雪岩等权臣富豪，又有多少人不愿意在巅峰时急流勇退，最终栽倒在命运的轮回中。

那句"黄狗之叹"，又何止是李斯一个人的叹息。